외계인 막쓸레옹, 쓰레기별에서 탈출하다

지구사용설명서 1

지구별 이주입주허가서

태양계 세 번째 행성, 지구에 무사히 오신 것을 축하합니다.
이제 당신은 지구 시민이 되었습니다.
지구는 당신 것이 아닙니다.
우리와 비슷하게 생긴 지구 사람들의 것도 아닙니다.
초록빛 땅과 파란 하늘은 앞산 느티나무와 집 뒤뜰 개미,
아프리카 코끼리와 이름 모를 생명들한테서 빌려 온 것입니다.
지구에 세 들어 살고 있음을 늘 잊지 말기를 바라는
마음에서 이 책을 드립니다.

외계인 막쓸레옹, 쓰레기별에서 탈출하다

지구사용설명서 1

글 환경운동연합, 환경교육센터 그림 김지민

머리말

우쿠더스 지구이주대책위원회
초대 위원장 쿨쿠리 쿠리

아직도 우리 별 '우쿠더스'의 아름다운 숲과 바다가 눈에 선합니다. 하지만 이제 우리의 우쿠더스는 아무도 살 수 없는 별이 되었습니다. 우주를 떠도는 거대한 쓰레기별이 되고 말았습니다. 망해 버린 별을 버리고 떠날 때를 생각하면 눈물, 콧물이 앞을 가립니다.

아름다운 별이 조금씩 더럽혀져 빛을 잃고 끝내 SE 0년 대재앙이 올 때까지 우리는 우리 별의 소중함을 몰랐습니다. 이 책은 우리가 우쿠더스에서 저질렀던 실수를 다시는 되풀이하지 않으려고 썼습니다. 우리가 사는 별을 아끼고 지키는 것이 얼마나 중요한지 잊어서는 안 됩니다. 지구는 우리 우쿠더스 사람들한테 마지막 남은 기회입니다. 이 기회를 절대로 그냥 흘려 보내서는 안 됩니다.

이 책《지구사용설명서》는 우쿠더스 사람들이 지구에 살 때 꼭 지켜야 할 수칙 서른세 가지를 담았습니다. 날마다 읽어서 마음에 새기고 반드시 행동으로 지켜 주시기 바랍니다.

포마얌 우쿠더스!

이주 1년, 지구력 1947년

개정 32판 머리말

우쿠더스 지구이주대책위원회
6대 위원장 로기 쿠리

우리가 지구에 온 지도 지구 시간으로 64년이 지났습니다. 우리가 살던 '우쿠더스'와 닮은 별, 지구를 찾아냈을 때의 기쁨은 말할 수 없을 만큼 컸습니다. 지구를 찾지 못했다면 우린 아직도 우주 미아가 되어 떠돌아다니고 있을 것입니다.

하지만 그 기쁨도 잠시, 요즘 지구는 우쿠더스 마지막 해가 생각날 만큼 망가졌습니다. 이주 1세대와 달리 우쿠더스에서 산 적이 없는 이주 2세대와 3세대들은 1세대들이 저질렀던 위험한 실수, 다시 말해 지구 자원을 펑펑 써 버리는 일들을 자꾸 하고 있습니다. 우리가 살 수 있는 행성은 오로지 지구뿐입니다. 지구가 망가지면 갈 곳은 더 이상 없습니다.

이주 1세대가 했던 것처럼 우리는 《지구사용설명서》를 날마다 읽어서 마음에 새기고 실천해야 합니다. 이 책은 지구를 지키는 방법들을 자세히 알려줍니다. 또 우쿠더스 사람들 누구나 쉽게 읽고 잘 따라 할 수 있도록 썼습니다. 지구에 사는 모든 우쿠더스 사람들이 언제나 지구를 사랑하기를 바랍니다. 포마얌 우쿠더스!

이주 64년, 지구력 2011년

　지구촌 최대 환경정상회의(리우환경협약)가 브라질에서 열렸던 지난 1992년, 그 사람들이 스스로 모습을 드러낼 때까지 수십 년 동안 지구에 우쿠더스 별 사람들이 살고 있다는 것을 아는 사람은 없었습니다. 지구에 아무 문제가 없었다면 그들은 스스로를 밝히지 않았을 겁니다. 하지만 우쿠더스 사람들이 지구에 온 뒤 점점 오염되어 가는 지구를 지켜보던 '우쿠더스 지구이주대책위원회'는 '국제연합환경계획(UNEP)'에 자신을 밝히고 환경 오염으로 사라진 우쿠더스 이야기를 전해 주었습니다. 아름다운 별이었던 우쿠더스가 눈 깜짝할 사이에 아무도 살 수 없는 별이 되었다는 사실은 큰 충격이었습니다.

　그러자 여러 나라 지도자들이 모여 지구 지키기에 발벗고 나섰습니다. 환경을 지키자는 약속을 하며, 온 세계에 우쿠더스 사람들 이야기를 전하려 했습니다. 하지만 자신들을 밝히지 않겠다는 우쿠더스 사람들의 뜻에 따라 그들의 존재를 밝히지 않았고, 그 사실은 지금까지도 일급비밀로 지켜져 오고 있습니다.

　환경운동연합, 환경교육센터는 우연한 기회에 우쿠더스 사람들이 대를 이어 지키는 수칙이 있다는 걸 알게 되었습니다. 그 책을 구해 읽은 우리는 깜짝 놀랐습니다. 위기에 놓인 지구를 살리는 데 꼭 필요한 내용이 담겨 있기 때문이었습니다. 또 우쿠더스 별이 환경 재앙으로 사라지기 직전의 모습은 우리 지구가 겪는 모습과 아주 닮았다는 것도 새롭게 알았습니다.

　긴 고민 끝에 환경운동연합, 환경교육센터는 우쿠더스 사람들의 책을 번역해 펴내기로 결정했습니다. 우쿠더스 사람들한테는 따끔한 경고를, 지구 사람들한테는 지구를 아끼고 사랑해 줄 것을 단단히 알리려는 마음도 담았습니다.

　　우쿠더스 사람들의 인사말은 "포마얌 우쿠더스!"입니다. 풀이하면 "우쿠더스를 잊지 말자!"입니다. 환경 오염으로 사라진 그들의 별을 잊지 말고 지구를 잘 아끼고 지키며 살자는 뜻이 담겨 있는 인사말입니다.

　　끝으로 책의 번역과 출간을 허락해 준 '우쿠더스 지구이주대책위원회'에 감사의 뜻을 전합니다. 또 지구 말과 전혀 다른 우쿠더스 말을 옮기는 어려운 작업을 기꺼이 맡아 준 김희경·오윤정·이수종·임성빈·장미정 선생님께 고마움을 전합니다. "포마얌 우쿠더스!" 우쿠더스의 과거를 잊지 맙시다.

2011년 4월
환경운동연합, 환경교육센터

책 제목 《지구사용설명서》에서 '사용'이란 말을 두고 옮긴이들끼리 많은 논쟁이 있었습니다. '사용'은 자칫 사람들만이 지구의 주인이고 지구를 맘껏 써도 된다는 뜻으로 오해할 수 있기 때문입니다. 하지만 '투크디드(ㅇ뷁앍)'라는 우쿠더스 별 말에 알맞은 우리말을 찾지 못했을 뿐만 아니라 전자 제품의 사용설명서처럼 이해하기 쉽게 쓰여진 책의 특징을 살려 《지구사용설명서》(ㅇ뷁앍ㅇ앗뚝)라는 원래 제목을 살리기로 했음을 밝힙니다.

차례

지구별 이주입주허가서 · 02

머리말 · 04

개정 32판 머리말 · 05

옮긴이의 말 · 06

이 책을 보는 법 · 10

지구는 어떤 행성일까?

지구 찾기 · 14

지구 역사 · 18

지구 생김새 · 20

지구에 사는 생명들 · 22

지구 사람 생김새 · 24

지구사용수칙 33

01 전기 아끼기 · 28
02 새는 전기 막기 · 30
03 절전 전구 쓰기 · 32
04 녹색 식물 기르기 · 34
05 종이 아끼기 · 36
06 세제 안 쓰기 · 38
07 물 아껴 쓰기 · 40
08 모기장 치기 · 42
09 화장지 골라 쓰기 · 44
10 고기 덜 먹기 · 46
11 일회용품 안 쓰기 · 48
12 포장 안 하기 · 50
13 지렁이 키우기 · 52
14 휴대 전화 덜 바꾸기 · 54
15 파마 덜 하기 · 56
16 비닐봉투 안 쓰기 · 58
17 먹을 만큼 담기 · 60
18 내 고장 식품 먹기 · 62

19 식품 첨가물 안 먹기 · 64
20 환경 표시 알아 두기 · 66
21 자전거 타기 · 68
22 큰 차 타기 · 70
23 걷기 · 72
24 동물 안 버리기 · 74
25 석유 아끼기 · 76
26 튼튼한 몸 만들기 · 78
27 종이 따로 거두기(분리수거) · 80
28 동물원 규칙 지키기 · 82
29 경기장 뒷마무리 잘하기 · 84
30 야생 동물 생각하기 · 86
31 갯벌 보호하기 · 88
32 동물 보호하기 · 90
33 친환경살이(로하스) 족 되기 · 92

우쿠더스 멸망 역사

SE 450년 온난화·오존층 파괴 · 96
SE 400년 대기 오염·산성비 · 100
SE 300년 열대림 감소·사막화 · 104
SE 200년 생물 종 다양성 감소 · 108
SE 100년 물 부족·물 오염 · 112
SE 50년 쓰레기 오염 · 116
SE 0년 에너지 난리 · 120

지구사용수칙 33 지키기 – 불타는 지구를 막아라! · 124

지구사용설명서, 이렇게 읽어요

첫째, 하루 세 번 꼼꼼히 읽습니다. 잊지 마세요. 일어나자마자, 점심 먹고, 잠자기 전!

둘째, 밥과 반찬을 꼭꼭 씹어 먹어야 하는 것처럼 한 자 한 자 머릿속에 꼭꼭 외웁니다.

셋째, 무슨 일을 하든지 튼튼한 지구를 만드는 데 힘을 보태겠다는 마음을 품습니다.

넷째, 식구나 친구, 둘레 가까운 사람들을 보면 무조건 알립니다.

수칙, 이렇게 보세요

이 책 28~93쪽에는 지구를 위해 우리가 지켜야 할 서른세 가지 약속, '지구사용수칙 33'이 있어요.
수칙에 나오는 그림들은 저마다 뜻이 있어요. 아래를 살펴보세요.

지구 표정

수칙을 지켰을 때 지구 마음을 보여 줘요.
세 가지 표정이 있어요.

 아주 좋아!
하하하!
튼튼하게 오래 살겠는걸?

 흐뭇해
오! 이런 생각을 하다니 놀라운걸?
멋진 생각이야.

 괜찮군
뾰족한 수는 아니지만
이런 생각을 하다니 기특하군.

에너지절약효과

숫자가 클수록 많은 에너지를
아낄 수 있어요.

에너지절약효과 80

에너지절약효과 50

에너지절약효과 20

수칙을 지켜야 할 곳

 집
방·거실·화장실에서 지켜요.

 학교
친구·선생님과 함께 지켜요.

 가게
음식점·물건 파는 곳에서 지켜요.

 **동물원**
동물원에서 지켜요.

 길
길이나 도로 위에서 지켜요.

 **경기장**
운동장·경기장에서 지켜요.

 자연
산·들·바다에서 지켜요.

그 밖에

 반짝이는 아이디어를
말해요.

 지구 건강을 해치는
일이니까 하지 말아요.

지구는 어떤 행성일까?

포마얌 우쿠더스!

지구에 오신 여러분을 환영합니다.

이제 지구는 여러분한테 **두 번째 고향**입니다.

어엿한 **지구 시민**으로 살아가려면

어떻게 해야 할까요?

고장 난 우주선을 고치려면 우주선을 잘 알아야 하는 것처럼

지구를 아끼고 사랑하려면 **지구에 대해 잘 알아야** 합니다.

과연 **지구는 어떤 행성**일까요?

지구 찾기

우쿠더스에서 가장 이름난 과학책, 《우쿠더스의 놀라운 탄생》에 따르면 우쿠더스와 지구는 쌍둥이 행성이었다고 해요. 지금으로부터 45억 년 전쯤 되던 어느 날, 별 하나가 갑자기 폭발해서 두 조각으로 나누어졌어요. 큰 조각이 식어서 생겨난 것이 우쿠더스이고 작은 조각은 블랙홀로 빨려 들어갔는데, 우쿠더스 과학자들은 그것이 바로 태양계에 있는 지구라고 주장합니다. 지구도 우쿠더스처럼 예쁜 풀빛 행성입니다.

태양계 세 번째 행성, 지구

지구는 태양계 안에 있어요. 태양계는 뜨거운 불덩어리인 태양과 태양 둘레를 도는 여덟 개 행성(수성·금성·지구·화성·목성·토성·천왕성·해왕성)과 위성, 소행성, 혜성, 유성과 운석 들이 있지요. 지구는 여덟 개 행성 가운데 세 번째 떠돌이별이자, 태양계에서 생명체가 살고 있는 하나뿐인 행성이에요.
태양계에서 지구를 찾기는 쉬워요. 초록빛 반짝반짝 빛나는 행성을 찾으면 되거든요.

수성　금성　지구　화성　　　　목성　　　　토성　　　　천왕성　해왕성

지구는 아주 바빠요. 스스로 돌면서 태양 주위도 함께 뱅글뱅글 돌거든요.
지구가 스스로 한 바퀴 도는 데는 24시간, 태양 둘레를 한 바퀴를 도는 데는 365일이 걸려요.
지구는 우쿠더스처럼 공기도 있고 물도 있지요. 게다가 너무 뜨겁지도 춥지도 않아
우쿠더스 사람들이 지내기에 딱 좋아요.

15

지구를 찾아라!

우쿠더스와 지구 사이는 상상도 못할 만큼 멀어요. 빛의 속도로 오백만 광년을 달려야 하거든요. 1광년은 빛이 초속 30만 킬로미터 속도로 일 년 동안 나아가는 거리를 일컬어요. 오백만 광년은 무려 9조 4670억 7782만 킬로미터나 되지요. 왜 우쿠더스 사람들이 이렇게 멀리 떨어진 지구로 왔냐고요? 오백만 광년 안에서 우쿠더스 사람이 살 수 있는 별은 오로지 지구밖에 없었거든요.

우쿠더스에서 지구 찾아오는 법

1단계: 블랙홀에 들어가기

우쿠더스 별에서 빛의 속도로 일 년쯤 가면 닿는 '안타레스'에 블랙홀 입구가 있어요. 블랙홀에서는 모든 물체가 빨려 들어가 찌그러져요. 무시무시한 중력을 견디려면 아래와 같이 몸을 움직여 줘야 해요.

① 몸 쭉쭉 펴기.

② 하루 종일 숨 쉬기. (일명 숨 고르기)

③ 10초 동안 숨을 깊이 들이마시고 다시 내뱉기.

❶~❸을 되풀이하면 온몸이 쪼그라드는 고통을 견딜 수 있어요. 숨을 들이마실 때 배가 안 터지도록 조심하세요.

2단계: 웜홀 지나가기

블랙홀에서 화이트홀로 이어진 벌레 모양 같은 구멍(웜홀)을 통과해요.

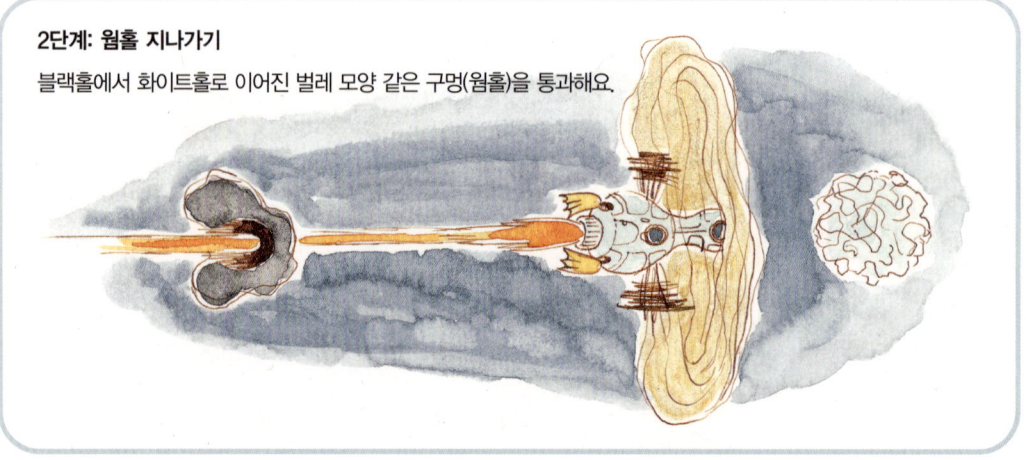

3단계: 화이트홀 빠져나오기

마지막으로 지구에 가까운 화이트홀에 들어갔다 나와야 해요.
화이트홀을 빠져나와서도 지구까지 가려면 기다림과 끈기가 필요해요.

이주 1세대들이 무시무시한 블랙홀과 화이트홀을
어떻게 빠져나올 수 있었냐고요?
우쿠더스 과학자들이 머리를 맞대고 만든 '초광속
휘리릭 우주선' 덕분이죠. 이 우주선에는 공간 이동
장치가 달려 있어서 우쿠더스 별과 블랙홀을 지나
지구와 가까운 화이트홀로 빠져나올 수 있었죠.

사람 콧구멍 빼고
어디든 다 갈 수
있지요!

지구

휴게소

'초광속 휘리릭 우주선'을 탄 이주 1세대들은 멀리 빛나는 초록빛 지구를 보
고 모두 한목소리로 외쳤어요. "저, 저건 우쿠더스야!"라고 말이죠. 맞아요. 우쿠
더스와 지구는 쌍둥이처럼 닮은 행성이었어요.

지구 역사

지구 나이는 45억 살쯤 되었어요. 우쿠더스와 똑같지요. 처음 생겨날 때 지구 모습은 지금과 달랐어요. 지구한테 어떤 일이 있었는지 살펴볼까요?

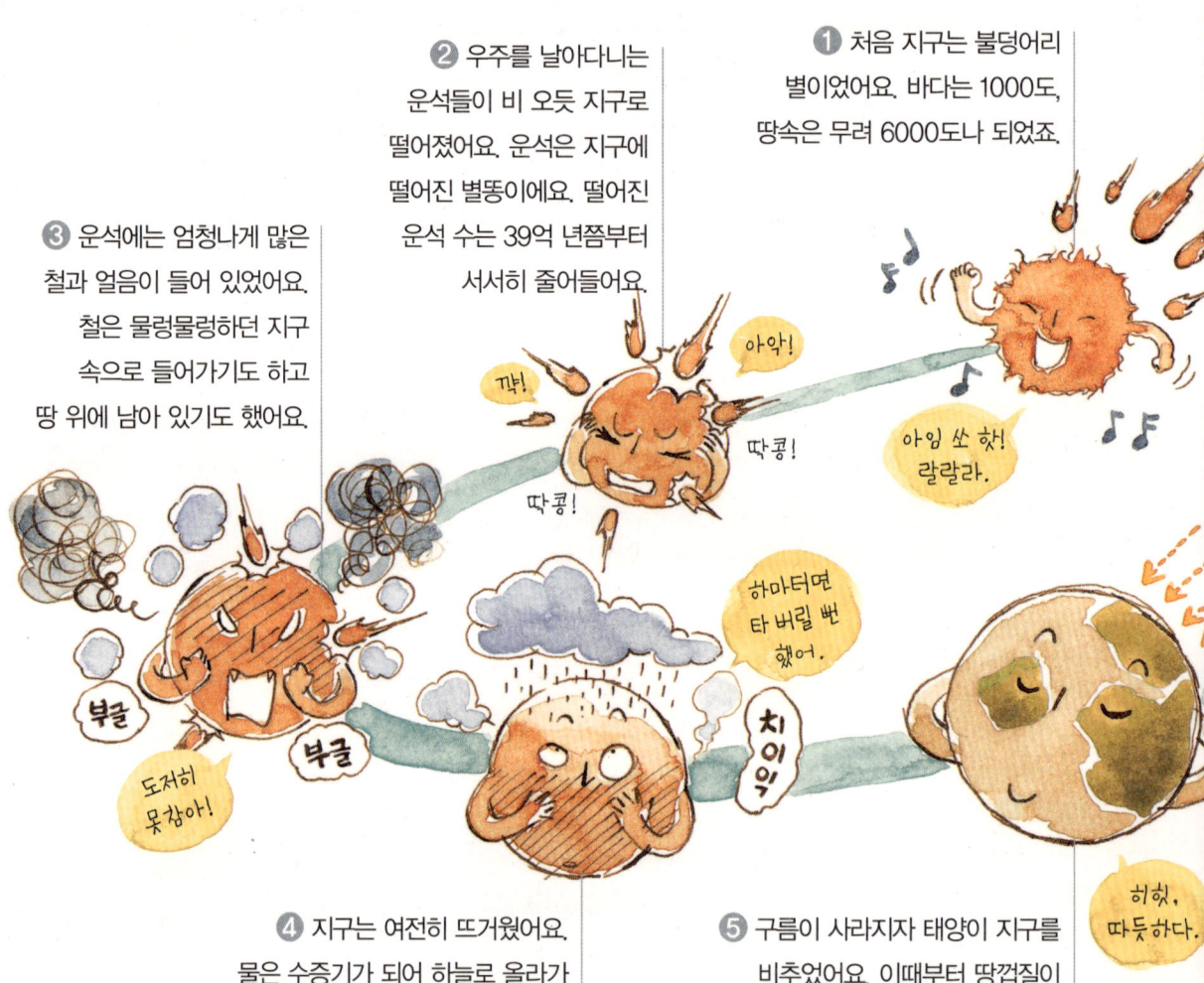

② 우주를 날아다니는 운석들이 비 오듯 지구로 떨어졌어요. 운석은 지구에 떨어진 별똥이에요. 떨어진 운석 수는 39억 년쯤부터 서서히 줄어들어요.

① 처음 지구는 불덩어리 별이었어요. 바다는 1000도, 땅속은 무려 6000도나 되었죠.

③ 운석에는 엄청나게 많은 철과 얼음이 들어 있었어요. 철은 물렁물렁하던 지구 속으로 들어가기도 하고 땅 위에 남아 있기도 했어요.

④ 지구는 여전히 뜨거웠어요. 물은 수증기가 되어 하늘로 올라가 두꺼운 구름을 만들었지요. 구름은 비를 내렸고 지구는 식어갔어요. 그러자 땅 온도도 점점 내려갔어요.

⑤ 구름이 사라지자 태양이 지구를 비추었어요. 이때부터 땅껍질이 만들어졌는데 38억 년 전쯤이에요. 뜨거웠던 용암은 식으면서 땅이 되었고 드디어 육지가 만들어졌어요.

18

❼ 지구 땅덩이는 지금처럼 여섯 조각이 아니었어요. 하나로 모였다가 흩어지기를 되풀이했지요. 마지막으로 대륙이 합쳐진 것은 지금으로부터 2억 6천만 년 전쯤이에요. 이것을 '판게아(pangea)'라고 해요. 그 뒤로 대륙은 흩어져서 지구는 다섯 개 바다와 여섯 개 대륙으로 이루어졌어요.

❻ 바닷속에는 엄청나게 많은 생물들이 살았어요. 광합성을 하는 생물들이 생겨나 이산화탄소를 먹고 산소를 내뿜었어요. 식물들이 광합성을 하면서 지구에 산소가 많아지자, 해로운 태양 광선을 막아 주는 오존층이 생겨 육지에서도 동물들이 살 수 있게 되었어요.

짠! 나야, 지구!

어머, 오존층이 생겼어!

몇몇 지구 사람들은 지구를 '여신' 또는 '가이아'라고 생각해요. '가이아'는 '그리스'라는 나라에 전해져 내려 오는 신화에 나오는 땅의 여신입니다. 지구를 여신이라고 생각하는 지구 사람들은 자연을 어머니라고 생각합니다.

지구는 아름다워요. 우주에서 보면 쪽빛 바다와 초록빛 땅이 예쁘게 빛나요. 구름들이 이리저리 움직이는 모습을 보면 지구는 숨 쉬는 작고 푸른 공 같아요.

지구 생김새

지구에는 땅과 바다, 하늘이 있어요. 땅은 지구의 가장 깊은 곳과 이어져 있고, 바다는 지구에서 큰 부분을 차지해요. 하늘은 여러 층으로 되어 있는데 눈에는 보이지 않지요. 그럼 먼저 지구의 가장 깊고 깊은 땅 속으로 들어가 봐요. 과연 지구 속은 어떻게 생겼을까요?

땅

❶ 지각
지구는 여러 겹의 땅껍질로 둘러싸여 있어요.
가장 바깥쪽 껍질을 '지각'이라고 해요.
지각은 바다와 육지로 되어 있어요.

❷ 맨틀
지각 바로 아래 있어요. 고체인데 액체처럼
움직여요. 아주 느리게 말이죠. 느릿느릿하게
움직이지만 지각에 엄청난 힘을 전해 줘요.
맨틀이 솟아오른 곳과 가라앉는 곳에는 육지가
만들어지거나 바다가 생겼어요. 엄청난 힘이죠?

❸ 핵
맨틀 안쪽에는 두 개의 핵이 있어요.
바깥쪽은 '외핵', 안쪽은 '내핵'이라고 해요.
내핵은 외핵보다 단단해요.

맨틀　　　외핵　　　내핵

지구 평균 온도는 15도예요. 그런데 지구 안쪽으로
들어가면 온도는 점점 올라가요. 지각 아래쪽은
500~800도, 맨틀 아래 쪽은 1,200도쯤이고
지구 중심은 6,600도가 넘어요.

앗, 하늘에 구멍이 뚫렸다!

하늘

지구 공기는 네 개의 층^(대류권·성층권·중간권·열권)으로
둘러싸여 있어요.
보통 위로 올라 갈수록 온도는 떨어지는데,
도중에 온도가 내려가기도 하고 올라가기도 해요.
제일 아래 있는 대류권은 위로 올라갈수록
온도가 점점 내려가요. 대부분의 공기가 이곳에
몰려 있어요. 비·눈·구름이 여기서 만들어져요.
성층권에는 자외선을 막아 주는 오존층이 있어요.

바다

바다는 커다란 물이에요. 아주 아주 커요.
지구의 3분의 2 이상을 덮고 있어요.
바다는 지구에 사는 생물 50만 종을 품은
아주 넓고도 중요한 곳이에요.

지구의 땅과 바다, 하늘에는 수많은 것들이 살아 움직
이고 있어요. 과연 지구에는 어떤 생물들이 사는 걸까요?
그 생물들은 어떤 특징이 있을까요?

지구에 사는 생명들

지구에는 500만 종이나 되는 생명체가 숨 쉬고 있어요. 그런데 아직 알려지지 않은 종까지 넉넉하게 잡으면 3000만에서 5000만 종이 될 거라고 해요. 이 가운데 알려진 것은 그 가운데 5퍼센트인 8만5천 종쯤이고요. 지구 사람들이 알고 있는 것은 겨우 170만 종쯤입니다.

지구 생명체의 특징

지구에서 숨 쉬는 생명들은 지구 땅덩이의 40퍼센트를 이루는 숲, 그리고 바다와 땅, 공기 속에 저마다 집을 짓고 살아요. 하나하나 모두 만나 인사하지는 못했지만 지구이주대책위원회는 945,456종의 생명체를 만났는데 이들한테는 몇 가지 공통점이 있다는 것을 알아 냈지요. 생명체를 자라게 하는 '세포'로 구성되어 있다는 점, 날마다 자란다는 점, 햇빛과 기온에 반응한다는 점, 새끼를 만든다는 점, 다양하게 진화한다는 점이에요.

지구의 실제 주인, 세균(박테리아)
지구에 사는 생물 가운데 가장 수가 많은 생물은 세균(박테리아)이에요. 지구이주대책위원회에서도 처음엔 지구의 실제 주인인 이들과 협상을 하려고 했습니다만 우리의 만능 통역기로도 말이 통하지 않았지요.

사라지는 생명들

지금까지 지구에서는 수많은 동식물이 사라졌어요. 지구에 살고 있는 생명들은 갑작스러운 환경 변화에 살아남았거나 새로 태어난 종들이에요.

❶ 대륙 이동

2억 5천만년 전에 여러 개 대륙이 나누어졌어요. 땅덩이들이 움직이고 부딪치면서 땅속에서 가스가 나왔어요. 지구에 살던 생명들 대부분이 사라졌지만 그 뒤에 새로운 종들도 태어났어요.

어, 뒤통수가 간질간질 한데?

❷ 혜성 충돌

6500만년 전, 10킬로미터쯤 되는 혜성이 유카탄 반도에 떨어졌어요. 몇 달 동안 재가 하늘을 덮어 땅과 바닷속 생물들이 죽었어요. 공룡도 사라졌어요.

❸ 개발

1600년부터 400년 동안 식물 584종과 동물 488종이 사라졌어요. 건물을 세우고 땅을 개발하기 위해 열대 우림에서부터 극지방, 바닷속에 이르기까지 지구를 파헤쳤거든요.

우쿠더스 사람들이 오고 난 뒤 지구에서는 훨씬 심각할 정도로 많은 생물들이 사라지고 있다고 해요. 대체 왜 그럴까요?

지구 사람 생김새

　　지구 생명체 가운데 우쿠더스 사람과 가장 닮은 생명은 '지구 사람'입니다. 살갖 빛깔과 머리 모양, 키와 생김새는 우쿠더스 사람과 다르지만 지능은 놀라울 정도로 비슷합니다. 우리와 같으면서도 다른 생명체, '지구 사람'을 소개합니다.

겉모습

사람은 머리, 몸통, 팔과 다리가 있어요. 팔 끝에는 손과 손가락이, 다리 끝에는 발과 발가락이 달렸지요. 얼굴에는 눈이 두 개, 코와 입이 하나씩 붙어 있어요. 머리에는 날마다 자라는 털이 있는데 그 모양은 사람마다 달라요.

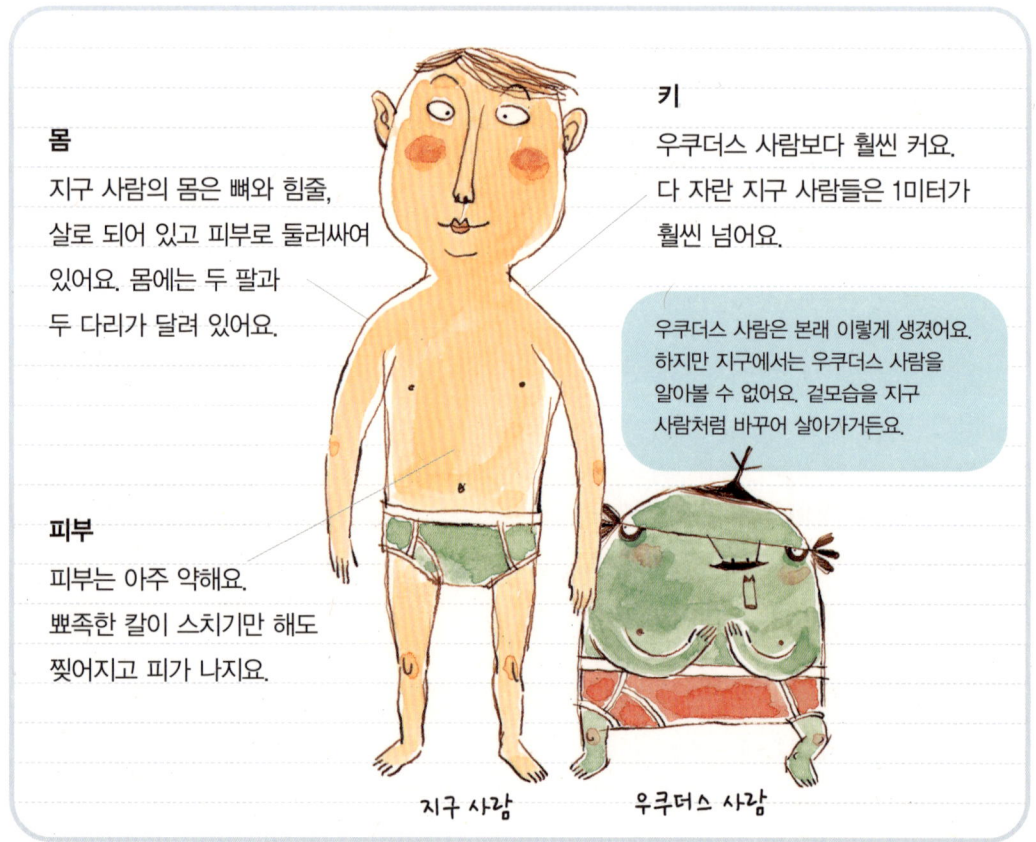

몸
지구 사람의 몸은 뼈와 힘줄, 살로 되어 있고 피부로 둘러싸여 있어요. 몸에는 두 팔과 두 다리가 달려 있어요.

키
우쿠더스 사람보다 훨씬 커요. 다 자란 지구 사람들은 1미터가 훨씬 넘어요.

우쿠더스 사람은 본래 이렇게 생겼어요. 하지만 지구에서는 우쿠더스 사람을 알아볼 수 없어요. 겉모습을 지구 사람처럼 바꾸어 살아가거든요.

피부
피부는 아주 약해요. 뾰족한 칼이 스치기만 해도 찢어지고 피가 나지요.

지구 사람　　　　우쿠더스 사람

버릇

지구 사람은 특이한 동물이에요. 우쿠더스 사람들이 꼭 알고 있어야 할 지구 사람들의 이상한 버릇, 한번 살펴볼까요?

안 씻기

몸을 씻느라 날마다 물과 비누를 마구 쓰는 것은 상상도 못하는 일이에요. 모두 꼬질꼬질하지요.

고기 안 먹기

채소와 나물을 즐겨 먹어요. 우쿠더스 사람들이 고기를 얻으려고 짐승들을 수백 마리씩 길렀다는 얘기를 들으면 기절할지도 몰라요.

걷기 · 자전거 타기

지구 사람들이 가장 좋아하는 일이에요. 우쿠더스 여러분! 되도록 지하철이나 버스 같은 대중교통을 타세요. 자동차를 너무 자주 타면 의심받을 수 있으니까요.

오래전 지구 사람들도 우쿠더스 사람들처럼 마구 쓰고 함부로 버리는 못된 습관으로 지구를 아프게 했대요. 하지만 이젠 정신 차리고 지구를 살리려고 애쓰고 있지요. 나쁜 버릇들도 모두 고쳤고요.

지구 사람들이 예쁘게 가꿔 온 이곳을 또 망친다면 우리 우쿠더스 사람들은 그 어떤 곳에서도 살 수 없겠지요. 만약 우리가 고향 별에 있을 때와 똑같이 무엇이든 펑펑 쓰고 마구 버린다면 지구 사람들한테 의심을 받게 될 거예요. 그러니 자나 깨나 지구 생각을 해야 합니다. 지구를 또 망가뜨리면 안 되니까요.

지구사용수칙 33

보잘것없는 우리한테 지구는 먹을 것과 입을 것과 살 곳을 마련해 주었습니다.

고마운 지구한테 우리도 약속합니다.

날마다 서른세 가지 수칙을 지켜서 **지구를 기쁘게 해 줄 것**이라고 말입니다.

지구사용수칙 서른세 가지는 지구와 우쿠더스 사람이 맺은

가장 크고 중요한 약속입니다.

우리는 이 약속을 목숨처럼 소중히 여길 것입니다.

이 약속은 **지구에 세 들어 사는 우쿠더스 사람들**이

이 땅에서 사라지는 그날까지 이어질 것입니다.

01 전기 아끼기

'지구를 망하게 할 올해의 인물'로 뽑힌 막쓸레옹 식구, 알고 보니 우쿠더스 사람.(대한민국)

28

발표! 지구를 망하게 할 올해의 인물

요즘 집집마다 거리마다 지구 사람들이 온통 술렁이고 있어요. 어느 잡지에서 '지구를 망하게 할 올해의 인물'을 발표했거든요. 그 부끄러운 얼굴을 우리도 만나 볼까요?

1위! 한여름 냉방병에 걸린 '막쓸레옹' 씨. 30도를 오르내리던 어느 여름날, 에어컨을 어찌나 빵빵하게 틀어 댔는지 남극 펭귄들이 놀다 갔다죠? 대한민국은 그날 하루에만 전기 소비량 기록을 열두 번이나 새로 썼다고 합니다.

2위! 전기 막 쓰는 '마구쓰나' 여사. 막쓸레옹 씨 아내죠. 특기는 라디오 틀고 청소기 돌리기, 불 켜고 잠자기라는군요.

3위! 세 살배기 '머꼬또머꼬'와 누나 '다버리나'. 이 아이들은 찬바람 쌩쌩 나오는 에어컨 앞에서 오돌오돌 떨다가 놀라운 추리력으로 전기 난로를 찾아냈어요. 그러고는 여름 내내 전기 난로를 끼고 지냈다고 해요.

그런데 어찌 이런 얄궂은 일이!

"지구에도 저런 사람들이 있네. 대체 어느 동네 누구야?"

하며 외치던 지구이주대책위원회 사람들은 한동안 고개를 들 수 없었습니다. 막쓸레옹 식구가 바로 우쿠더스 사람이라지 뭡니까. 전기 막 쓰는 버릇, 우리 정체를 지구 사람들한테 들키기 전에 얼른 고치자고요. 제발.

지구 사용법 01

- 💡 선풍기 바람은 약하게 틀어요. 강하게 틀 때보다 전기를 30퍼센트나 아낄 수 있어요.

- 💡 장마철 눅진한 날은 에어컨 온도를 26도에 맞추고 선풍기를 약하게 틀면 시원해요.

- 💡 2주마다 한 번씩 에어컨 거르개를 청소해 주세요. 보통 때 쓰는 전기의 5퍼센트를 아낄 수 있어요.

🔥 에어컨은 에너지를 많이 쓰는 제품이에요. 에어컨 한 대를 돌리는 전기로 선풍기 30대를 돌릴 수 있어요.

🔥 여름철, 대한민국에 있는 모든 에어컨 온도를 1도만 올려도 2조 원이나 아낄 수 있어요.

02 새는 전기 막기

대규모 정전이 일어나 240시간 동안 스캐맨더 안에 거꾸로 매달렸던 시민들.(멸망 300년 전, 우쿠더스 아만다)

큰 도시들, 밤마다 깜빡깜빡

SE 300년, 무려 240시간이나 이어졌던 우쿠더스 아만다 시의 정전을 생각하면 아직도 등골이 오싹해요. 스캐맨더(롤러코스터처럼 생긴 우쿠더스 탈것)가 멈추는 바람에 모두들 발이 묶이고 깜깜한 밤에는 눈뜬 장님으로 돌아다녀야 했죠. 과학자들은 햇빛, 달빛, 별빛, 반딧불이까지 다 끌어모아 전기를 만들었지만 반나절이면 동이 났죠. 생각만 해도 아찔했던 시간이었습니다.

그런데 요즘 지구에도 비슷한 일들이 벌어지고 있습니다. 서울이나 뉴욕처럼 세계에서 이름난 큰 도시들에서 난데없이 전기가 뚝뚝 끊겨 버리는 것이지요. 지구이주대책위원회 과학자들은 대규모 정전 사태가 지구 어디에서 일어나는지 자세히 살펴보았어요. 그런데 이럴 수가! 이 마을들, 알고 보니 모두 우쿠더스 사람들이 몰려 사는 동네이지 뭡니까.

우쿠더스 사람들의 고질병은 소중한 전기를 무심코 흘려 보낸다는 것입니다. 충전기 코드 빼놓기, 안 쓰는 불 끄기, 전원 코드 뽑기, 이 세 가지는 지구 사람들이 목에 칼이 들어와도 지키는 것들입니다. 세 살배기도 눈을 부릅뜨고 지켜요.

그런데 지구에 세 들어 사는 우리들이 전기를 펑펑 쓰다니 말이나 됩니까? 또다시 우주를 떠돌아다니기 전에 제발 좀 정신 차리자고요!

> ## 지구사용법 02 집
>
> 🕯️ 전기 제품은 전원 코드까지 뽑으세요. 텔레비전 전원 코드를 안 뽑으면 하루에 세 시간만 본다 해도 요금은 다섯 시간 본 걸로 나와요. 휴대 전화 충전기도 계속 꽂아 두면 전기가 샙니다.
>
> 💡 단추 달린 모둠꽂이를 쓰세요. 전원 코드 뽑을 필요 없이 옆에 붙어 있는 단추만 누르면 새는 전기를 막을 수 있어요.

밤마다 새는 전기를 다 모으면 지구 사람들이 쓰는 전력의 11퍼센트에 맞먹는 양이 나와요. 돈으로 따지면 한 집에 평균 삼만삼천 원, 대한민국 전체로는 일 년에 오천억 원이래요.

03 절전 전구 쓰기

에너지절약효과 60

번쩍이는 불빛으로 대낮보다 더 밝은 우쿠더스의 밤.(멸망 500년 전, 우쿠더스 아만다)

번쩍번쩍! 낮보다 더 눈부신 밤

우쿠더스 역사에서 제일 똘똘한 사람들은 SE 1000년에 생겨난 우쿠리 족이에요. 이 원시 사람들은 SE 900년에 햇빛을 모으는 장치들을 만들었어요. 안타까운 건 그 발명품들이 금세 잊혀지고 말았다는 거죠. 오래된 바위틈에 전구 모양의 그림 흔적들이 남아 있을 뿐이에요. 우쿠리 족이 만든 태양열 전구를 다시 썼더라면 우쿠더스 별의 에너지가 그렇게 금세 바닥나지는 않았을 거예요.

우쿠리 족의 똘똘한 유전자는 후손들한테 전해지지 않았어요. 우쿠더스 사람들은 크고 화려한 전구들을 만드는 것을 좋아했어요. 서로 다투어 도시마다 커다란 전구를 세웠죠. 그 커다랗고 둥근 빛에서 나오는 열이 어찌나 뜨거웠는지 멀리 있기만 해도 후끈거렸죠. 도시는 타들어갈 만큼 뜨거워졌고요.

지구에는 갖가지 모양의 전구들이 있어요. 전구에 따라 전기를 먹는 양이 다 달라요. 지구 사람들은 백열등보다는 형광등을, 막대 형광등보다는 말굽자석 모양의 형광등을 써요. 전기를 적게 먹는 전구를 더 좋아하거든요.

전기는 발전소에서 석탄이나 석유를 태워 만들어요. 이렇게 뭔가를 태울 땐 이산화탄소가 나와요. 이산화탄소는 지구를 후끈하게 덥히는 선수예요. 그러니까 전기를 적게 쓸수록 지구 온난화를 늦출 수 있겠지요?

지구사용법 03　집

전구는 '에너지 절약' 표시(왼쪽)나 '고 마크'(오른쪽)가 붙은 걸로 써요.

교실처럼 형광등이 여러 개 있는 곳에서는 어디 있는 형광등인지 이름을 써 붙여서 필요한 것만 켜도록 해요.

🖐 형광등과 백열등 크기가 같을 때 형광등은 백열등이 쓰는 전기의 4분의 1밖에 안 써요. 백열등 한 개를 형광등으로 바꾸는 것은 나무 아홉 그루를 심는 것과 같아요.

🖐 대한민국 모든 집안에서 백열등 네 개를 형광등으로 바꾸면 자동차 사십만 대쯤이 내뿜는 온실가스 양을 줄일 수 있어요.

오염된 도시에서 살아가는 데 '쿠르' 산소 통조림은 필수품!(멸망 400년 전, 우쿠더스 토리)

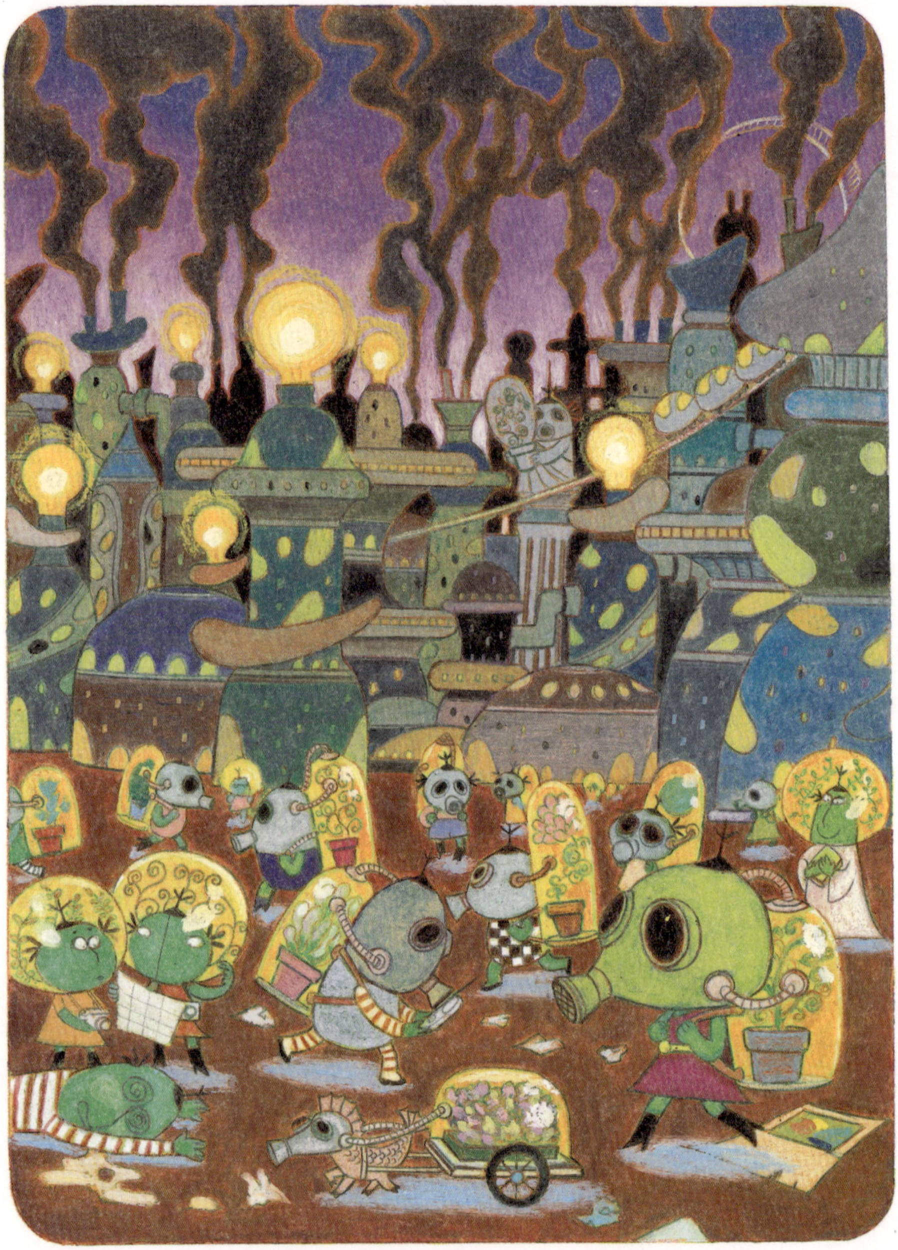

34

산소 통조림, 지구에도 있다

우쿠더스 토리 시 남쪽 끝은 공해가 가장 심했어요. 말도 못할 정도였죠. 길거리에 잠시만 서 있어도 얼굴이 누렇게 뜨고 눈물이 줄줄 흘렀거든요. 이곳 사람들은 늘 얼굴에 고글 세 개, 어깨엔 산소통을 메고 다녀야 했죠. 원시 나무 '쿠르'를 키웠던 일 년을 빼고는요. 그 일 년 동안 우쿠더스 공기는 잠깐 좋아졌어요. 하지만 게으른 우쿠더스 사람들은 하루 한 번 쿠르에 물 주는 것도 귀찮아 했고, 공기는 다시 예전처럼 나빠졌어요.

생각만 해도 슬픈 일이지만 지구 공기도 우쿠더스를 비웃을 만큼 좋지는 않아요. 집 안이나 학원, 건물 안에 있거나 거리를 걷다 보면 콧구멍을 틀어막거나 마스크를 쓰고 싶을 때가 한두 번이 아니죠.

우리들이 가장 많은 시간을 보내는 집 안을 한번 볼까요? 앗! 보기만 해도 끔찍하게 생긴 나쁜 세균들과 곰팡이들이 우글거리고 있군요. 여기에 화학 물질로 범벅된 새 가구까지 들여오면 불난 집에 부채질하는 꼴처럼 공기는 엉망이 되고 말 거예요. 집 안 공기가 깨끗했으면 좋겠다고요? 가장 좋은 건 집을 지을 때 천연 재료를 쓰는 거예요. 하지만 우리가 쉽게 할 수 없으니 그다음으로 할 수 있는 걸 찾아야죠. 그건 바로 산소 통조림, 식물을 키우는 거예요.

지구사용법 04 집

- 하루에 두세 번씩 십 분 정도 문을 열어 집 안 공기를 맑게 바꿔 줘요.
- 손수 작은 식물을 길러요. 공기도 좋아지고 마음도 즐거워져요.

집에서 녹색 식물을 키워 보세요.
- 암모니아 냄새 없애는 식물: 관음죽, 앤슈리엄
- 음이온 내는 식물: 파키라, 산세비에리아
- 습도를 조절해 주는 식물: 시수스, 시클라멘, 스파티필룸
- 일산화탄소 없애는 식물: 산호수

종이로 뒤덮인 마을. 이 종이들은 모조리 와우카 산에서 자라는 나무를 베어 만들었다.(멸망 350년 전, 우쿠더스 와우카)

벌거숭이산의 슬픔

우쿠더스에서 가장 높고 푸르기로 이름났던 산, 와우카를 기억하나요? 울창한 숲을 자랑했던 와우카. 하지만 SE 350년 봄, 한순간에 벌거숭이산이 되고 말았어요.

날이면 날마다 우쿠더스 사람들이 나무들을 마구 베어 갔기 때문이에요. 사람들은 날마다 숲 하나를 통째로 베어 나갔죠. 나무 꼭대기에 둥지를 틀거나 나무 뿌리를 보금자리 삼았던 동물들은 무시무시한 톱을 보면서 와들와들 떨었어요. 하지만 우쿠더스 사람들은 꿈쩍도 하지 않았어요. 나무를 안 베면 종이를 만들 수 없는데, 종이 안 쓰는 날은 상상조차 할 수 없었거든요.

똑똑한 지구 사람들은 오래 전부터 종이 우편물을 전자 우편으로 바꾸고 있어요. 종이 우편물 한 장을 만들려면 아주 많은 것들이 필요하다는 것을 잘 알거든요. 나무를 자르고 자른 나무를 옮겨야 하죠. 또 잉크로 글자와 그림을 찍고 인쇄도 해야 해요. 종이 겉면에 바르는 비닐은 분해되는 데 아주 오랜 시간이 걸려요.

부끄럽게도 우쿠더스에서는 멸망 일 초 전까지도 모든 사람들이 종이를 마구 쓰고 있었어요. 지구에 와서도 아직까지 종이 우편물을 받고 있다고요? 아직 안 늦었어요. 지금 바로 전자우편으로 바꿔 신청하세요.

지구사용법 05 집

- 전화 한 통만 하면 종이 우편물을 전자 우편으로 받을 수 있어요. 전화번호는 요금 청구서 봉투에 자세히 나와 있어요.

- 영수증은 인터넷 홈페이지에 들어가서 온라인 영수증을 신청하세요.

- 광고 우편물은 고객 센터로 전화 걸어서 보내지 말라고 말하세요.

종이 한 장 아끼는 것이 대단하냐고요? 대한민국에 사는 한 사람이 평생 쓰는 종이를 모두 더하면 높이 18미터, 지름 22센티미터인 소나무 87그루가 된다고 해요.[3]

06 세제 안 쓰기

에너지절약효과 50

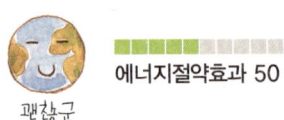

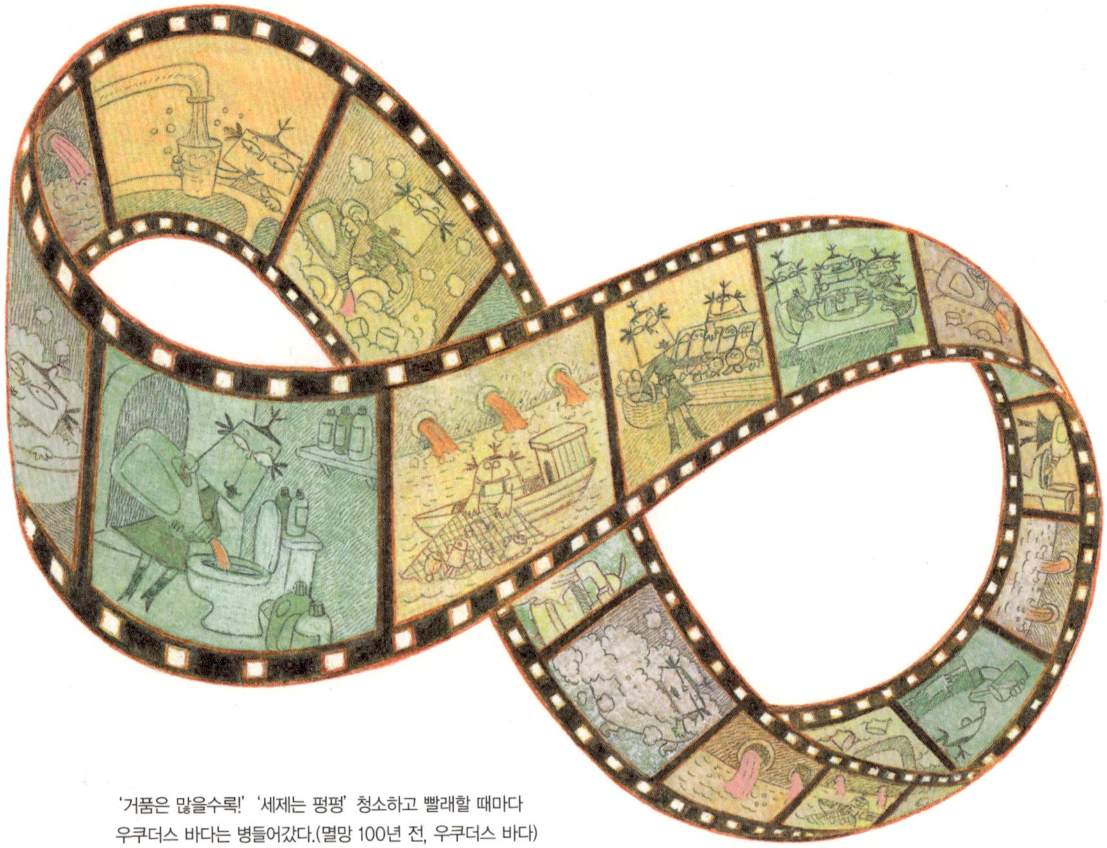

'거품은 많을수록!' '세제는 펑펑' 청소하고 빨래할 때마다
우쿠더스 바다는 병들어갔다.(멸망 100년 전, 우쿠더스 바다)

온 바다 물고기들, 못살겠다고 아우성

때는 SE 100년, 우쿠더스 바닷속에 살았던 물고기들한테 이상한 일이 일어났어요. 한몸에 암컷과 수컷 특징을 모두 가진 이상한 물고기가 있는가 하면, 배를 드러낸 채 수백 마리가 떼지어 죽어 나가기도 했어요. 화학 약품과 살충제들을 마구 쓰고 버리는 우쿠더스 사람들의 텅 빈 머리가 저지른 일들이에요.

강과 바다에 살고 있는 물고기들이 가장 무서워하는 것이 바로 화장실 밖으로 흘러나간 화학 약품과 합성 세제라는 것을 알고 있나요? 합성 세제를 만드는 건 '인산염'과 '계면활성제'예요. 인산염이 강으로 흘러 들면 그것을 먹이로 하는 식물 플랑크톤이나 해조류가 많이 늘어나서 바다 빛이 붉어지는데, 이를 '적조현상'이라 하지요. 적조현상이 안 좋은 까닭은, 이 때 생긴 플랑크톤이 독성을 가질 수도 있고, 플랑크톤들이 죽어 분해될 때 산소가 많이 없어지면서 물고기들이 떼죽음을 당할 수 있어서예요. '계면활성제'도 무섭기는 마찬가지예요. 계면활성제는 물과 기름 성분을 잘 섞이게 해 주는데, 이것 역시 강으로 흘러 들어가면 식물이 광합성을 하거나 산소를 빨아들이는 것을 막아요. 또 물고기는 물론이고 사람의 피부 세포도 해칠 수 있지요.

이제부터는 화장실 청소하는 것부터 지구 사람들을 따라 해야 합니다. 합성 세제나 세정제, 이미 샀다고요? 마지막으로 쓰고 더 이상 쓰지 마세요. 앞으로는 지구 사람들처럼 세제 안 쓰고 수세미로 빡빡 힘 줘 닦는 거예요.

지구사용법 06 집

천연 세제를 쓰세요. 합성 세제를 꼭 써야 한다면 조금만 쓰고요. 웬만한 때는 수세미로 빡빡 문지르면 모두 지워져요. 만약 안 지워지면 비누를 조금 묻혀 닦으면 돼요.

거품을 많이 내면 깨끗이 씻어질까요? 아니에요. 세제를 많이 써서 거품이 많이 나면 그걸 씻느라 물만 더 많이 버릴 뿐이에요. 거품 내는 데 힘들이지 말고 샴푸나 치약, 비누를 조금씩만 써요.

07 물 아껴 쓰기

에너지절약효과 80

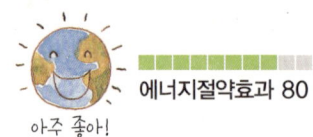

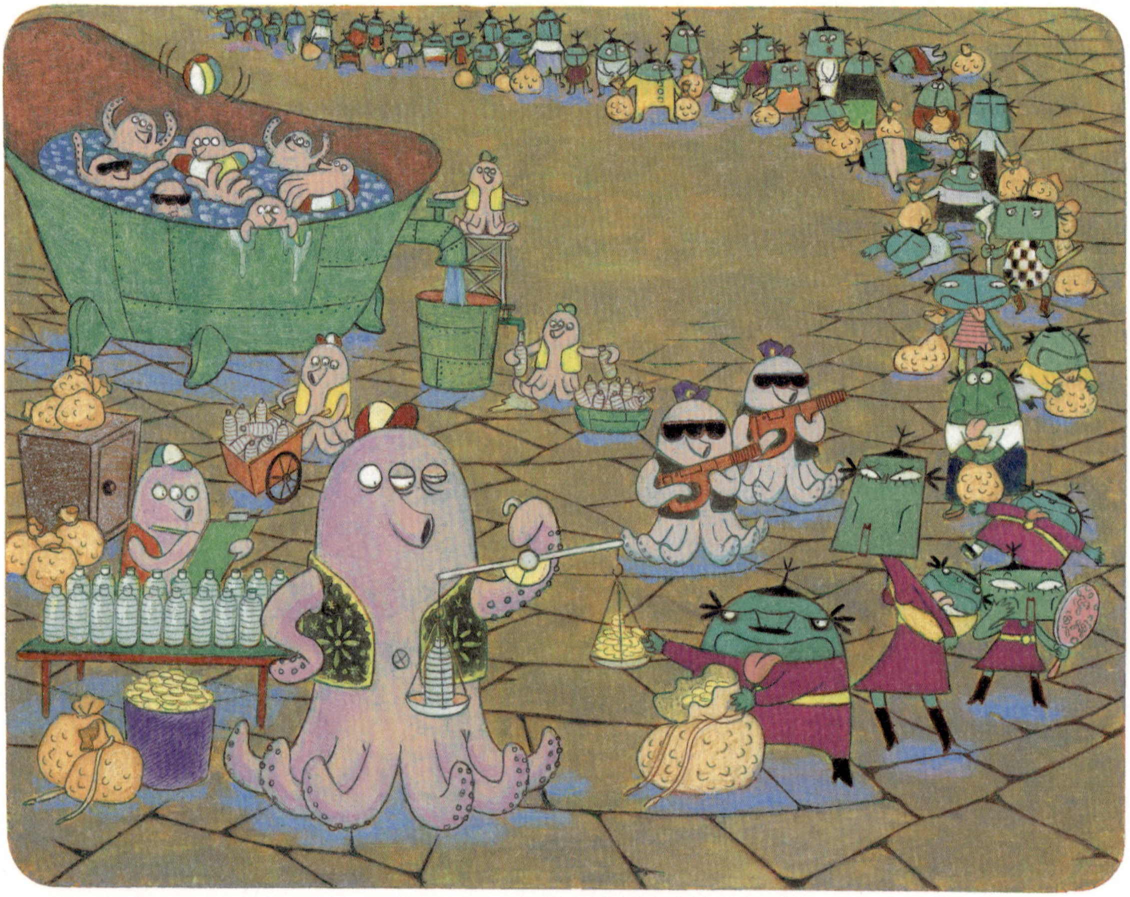

"죽지 못해 먹는 거예요." 울며 겨자먹기로 값비싼 에크별 물을 사야 했던 사람들.(멸망 100년 전, 우쿠더스)

찻숟가락만큼이라도 아낄걸

멸망 전까지 우쿠더스 사람들은 에크 별 물을 사다 먹었어요. 그때 우쿠더스에는 마실 만한 물이 단 한 방울도 없었거든요. 땅은 사막이 되어 갔고 호수에는 기름이 둥둥 떠다녔어요. 바다는 붉은빛으로 바뀌어 아무것도 살 수 없었지요. 푸른 바닷물과 몇몇 물고기들을 '우쿠더스 바다 전시관'에서만 볼 수 있었어요.

SE 150년, 물을 찾아 떠난 우쿠더스 우주 탐사선이 에크 별에 다다라 출렁이는 바다를 발견했을 때 우쿠더스 사람들은 기쁨의 눈물을 흘렸어요. 모두들 "이제 살았구나!" 하며 소리 질렀죠.

안타깝게도 에크 별 물은 죽지 못해 겨우 먹을 정도로 맛이 없었어요. 빛깔은 누리끼리하고 맛은 떨떠름했죠. 더 슬픈 건 말도 안 되게 비싸다는 것! 그제서야 다들 우쿠더스 샘물이 얼마나 소중한지 깨달았죠. 하지만 때는 너무 늦었어요. 우쿠더스는 바싹 말라 버린 별이 된 거예요.

여러분, 우리 조상들이 물을 찾아 우주를 떠돌아다닐 때를 상상해 보세요. 얼마나 목 마르고 슬펐을까요?

지금 우리가 사는 이 지구에는 큰 바다와 강도 많지만 물이 모자라는 곳도 많아요. 이제 변기물 한 번 내릴 때마다 생각하기로 해요. 지구 어딘가에는 그만큼의 물로 하루 종일 쓰는 사람이 있다는 것을 말이에요.

지구사용법 07 집

- 이를 닦을 때 컵에 물을 받아서 쓰면 5리터나 되는 물을 아낄 수 있어요.
- 설거지통에 물을 받아 설거지를 하면 100리터 넘게 필요하던 물을 20리터로도 충분히 쓸 수 있어요.
- 씻는 시간을 반으로 줄이면 물 쓰는 양도 반으로 줄일 수 있어요.
- 집에서 쓰는 물 4분의 1이 화장실에서 쓰는 물이에요. 변기에 '물 아낌 장치'를 하면 물을 적게 쓸 수 있어요.

지구에 물이 100리터 있다고 하면 쓸 수 있는 물은 겨우 찻숟가락 반 정도라고 해요. 이 물로 65억 지구 사람들이 마시고, 씻고, 농사 짓고, 공장을 돌리는 거죠.

08 모기장 치기

에너지절약효과 20

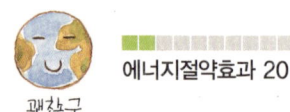

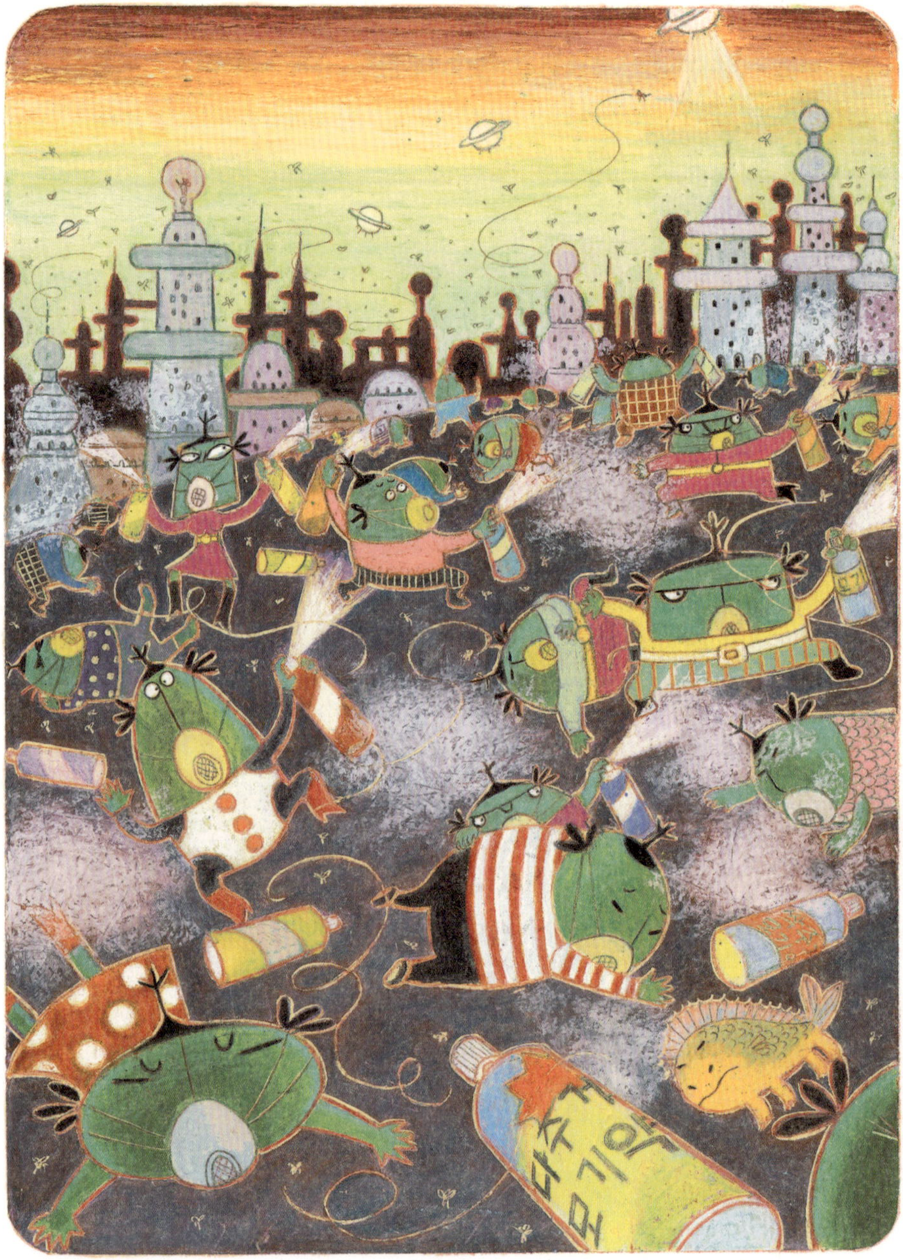

잉가와 세 번째 전쟁을 치르고 난 뒤 모두 쓰러진 시민들.(멸망 400년 전, 우쿠더스 오호라)

우쿠더스 3차 대전과 공포의 살충제

무더운 여름이 돌아올 때마다 모기를 잡아달라는 전화가 지구이주대책위원회로 빗발치듯 걸려옵니다. 모기, 독하죠. 무섭다는 거 잘 압니다. 그래서 약을 마구 뿌린다고요? 글쎄요. 무려 13년 동안 우쿠더스 오호라 시를 쑥대밭으로 만들었던 '잉가(피를 빨아먹는 우쿠더스 곤충) 전쟁'을 떠올리면 생각이 달라질걸요?

잉가와의 전쟁, 그 짧은 기록

- **1차 전쟁(SE 413년):** 평화롭던 오호라 산, 오백 마리의 잉가떼가 '왜앵' 하고 나타났어요. 우쿠더스 사람들은 잉가장으로 서둘러 대피했죠. 잉가장은 촘촘하게 짠 그물망이에요. 덩치 큰 아저씨들도 빛의 속도로 날아가 잉가장 안으로 뛰어들었어요. 다행히 모두 별 탈 없었어요. 하지만 잉가떼를 보고 놀란 우쿠더스 사람들은 온갖 화학 성분을 섞어 잉가향을 만들었어요.

- **2차 전쟁(SE 410년):** 잉가떼가 다시 찾아왔어요. 잉가들은 독한 잉가향 앞에서 '애앵'대다 그만 땅으로 고꾸라졌죠. 하지만 잉가를 이겼다는 기쁨도 잠시, 우쿠더스 사람들도 하나둘 쓰러졌어요. 다들 배가 아프고 머릿속이 윙윙거린다고 했죠.

- **3차 전쟁(SE 400년):** 오호라 시에서는 모두들 입 가리개를 하고 손에는 무시무시한 살충제를 준비했어요. 그런데 눈앞에 나타난 잉가들은 한층 더 무서워졌어요. 철갑 옷에 뾰족한 침을 수십 개 달고 나타났어요. 잉가향을 마시고 진화한 거예요.

사람들은 역시 똑똑해요. 피 빨아먹는 모기 같은 밉상 곤충들도 안 없애고 더불어 살아가거든요. 작은 생명 하나라도 억지로 없애려 하다가는 사람들에게 더 위험할 수 있다는 걸 알기 때문일 거예요.

지구사용법 08 집

💡 모기는 몸에서 나는 냄새를 잘 알아채요. 저녁에는 목욕을 해서 땀을 없애고 자는 것이 좋아요. 로션을 발라도 모기가 몰려드니까 목욕하고 나서는 아무것도 안 바르고 자는 것이 좋아요.

🍄 모기는 대체로 한두 달쯤만 살아요. 새로운 환경에 빨리 적응하고요. 이를 다른 말로 '내성이 생긴다'고 해요. 그래서 효과가 좋던 모기약도 시간이 지날수록 점점 효과가 약해져요.

🍄 모기약은 살충제나 농약 같은 물질로 만들어요. 곤충이 제대로 활동을 못하게 만드는 독한 물질이지요. 성분이 독할수록 환경을 오염시키고 우리 건강도 해쳐요.

09 화장지 골라 쓰기

에너지절약효과 30

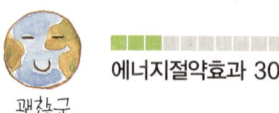

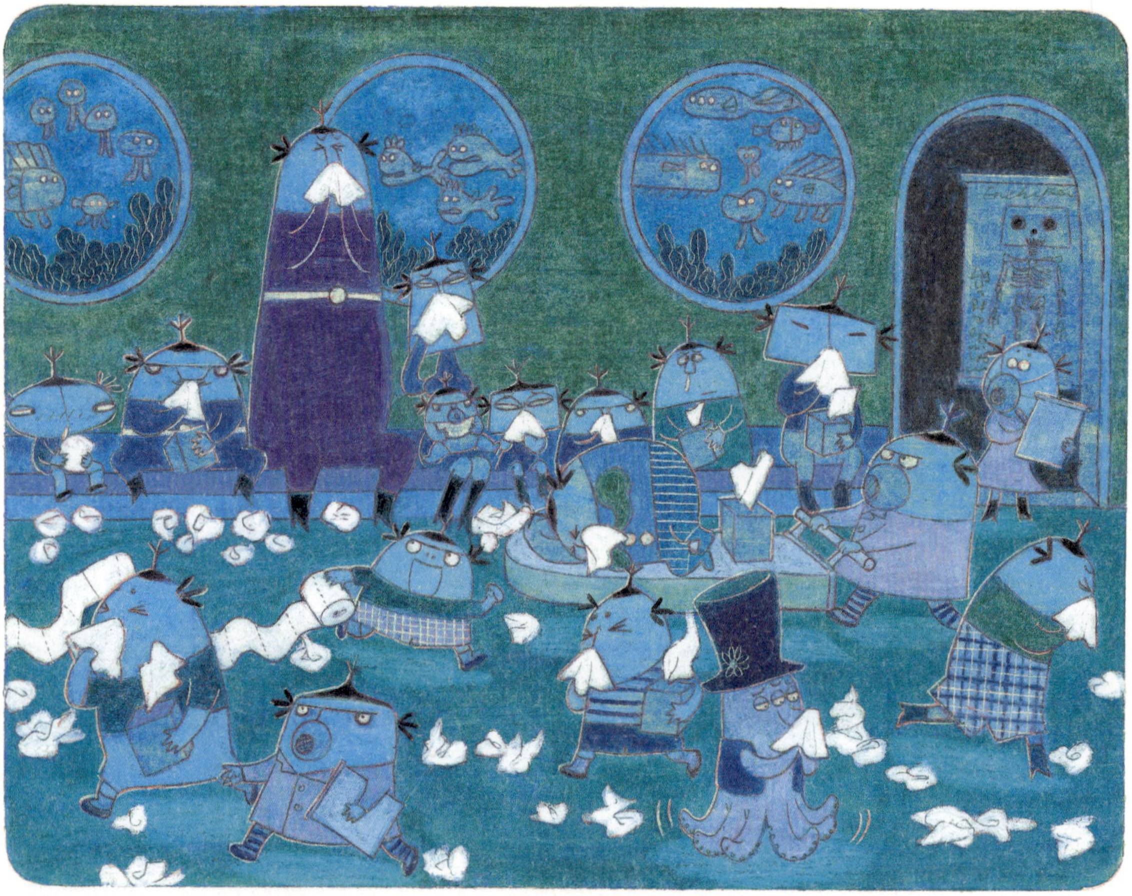

화장지로 '쓱쓱' 닦은 곳이 형광 물질로 범벅된다는 사실, 아무도 몰랐다.(멸망 359년 전, 우쿠더스)

잠자는 '꼬질 유전자'를 깨워라

우쿠더스 사람들은 '우쿠리' 족에서 진화했어요. '우쿠리'라는 말을 풀이하면 '꼬질하다'는 뜻이에요. 지금 우쿠더스 사람들한테는 우쿠리 족이 갖고 있던 '꼬질 유전자'를 찾아볼 수 없어요. 꼬질 유전자는 꼬질꼬질한 것을 좋아하는 성질_(매끈하고 잘 생긴 사과보다는 벌레 먹은 사과를 좋아하는 짓)이에요. 이 꼬질 유전자를 갖고 있던 우쿠리 족은 300살까지 건강하게 살았다고 해요.

어엿한 지구 시민이 된 우리한테 필요한 건 우리 조상의 몸속에 살았던 꼬질 유전자를 다시 깨우는 일이에요. 왜냐고요? 지구가 바로 '꼬질'한 것을 좋아하거든요.

날마다 쓰는 화장지를 한번 볼까요? 화장지의 원료는 나무예요. 나무를 잘게 부수면 펄프가 되는데 이 펄프로 종이를 만들죠. 그런데 뭔가 좀 이상하지 않아요? 펄프는 누리끼리한데 화장지는 눈처럼 하얗잖아요. 때로는 꽃무늬가 찍혀 있기도 하고요. 사실 하얀 화장지는 종이를 하얗게 만드는 표백제나 형광 증백제를 써서 만들죠. 이런 약품들은 피부병을 일으킬 수 있어요. 꽃무늬 화장지에 쓰는 잉크에는 몸에 좋지 않은 중금속이 들어 있고요.

날마다 우리가 쓰는 화장지, 우리 몸에 닿는 것인 만큼 잘 골라서 써야겠죠? 겉보기에 하얗다고 진짜 깨끗한 것은 아니란 말씀!

> **지구사용법 09** 집
> - 종이나 화장지를 쓸 때는 빛깔이 누렇거나 무형광 표시가 된 것을 쓰세요.
> - 얇은 것, 코팅이 안 된 종이를 쓰세요.
> - 되도록 손수건을 갖고 다니세요.

🙌 표백제나 형광 증백제는 몸에 안 좋아요. 식품위생법에도 식품이나 식품이 닿는 물건에 쓰지 못하도록 정해 놓았어요.

🙌 고급스러운 느낌이 나는 꽃무늬 화장지는 쓰고 버린 종이가 아닌 천연 펄프로 만들기도 해요. 이런 화장지에는 형광 증백제가 안 들어가기는 해도 나무를 베어서 만든 것이니까 낭비겠죠?

10 고기 덜 먹기

흐뭇해

에너지절약효과 60

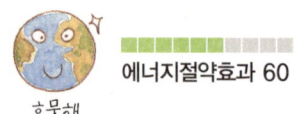

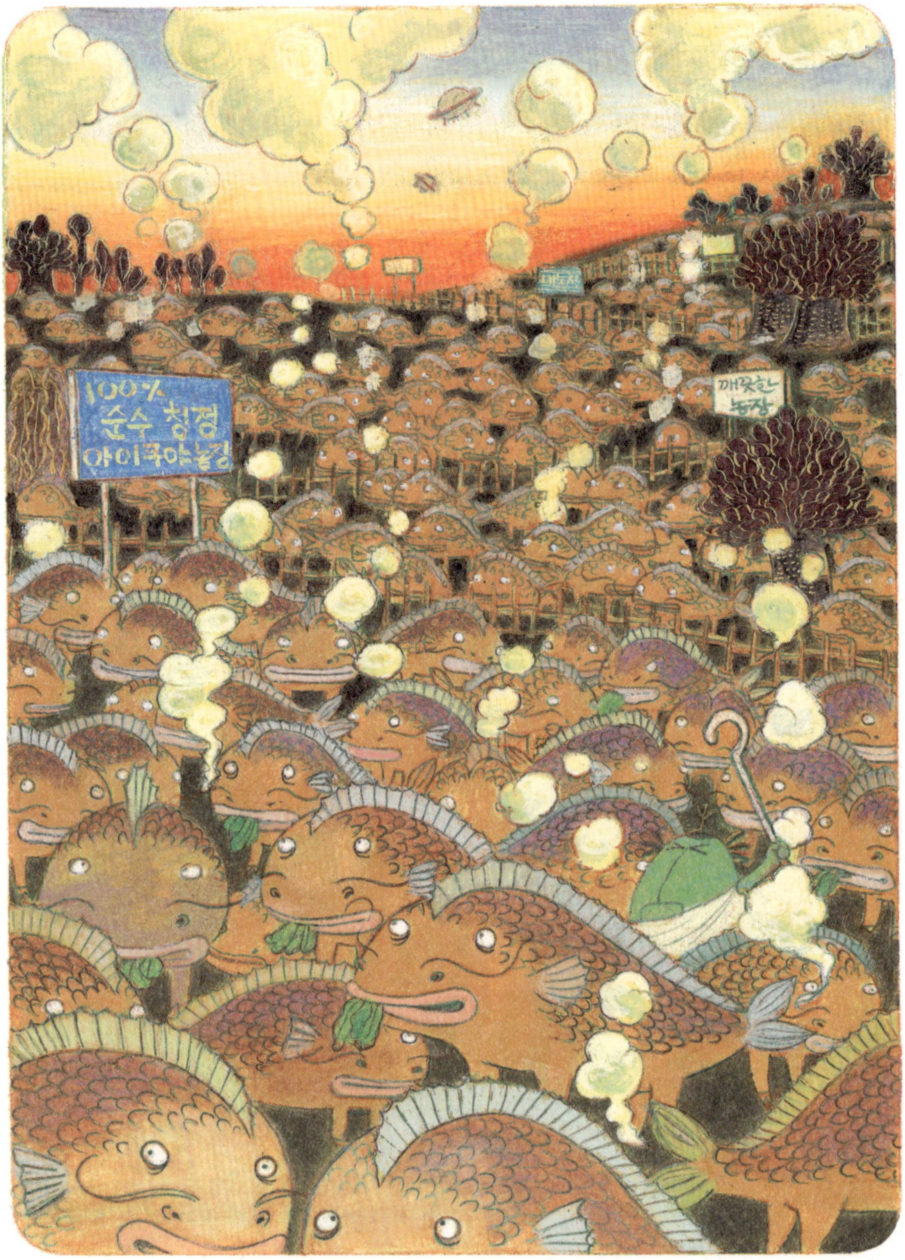

고기를 사람들이 바라는 만큼 먹으려면 우쿠더스와 같은 별 하나는 더 있어야 한다.(멸망 478년 전, 우쿠더스)

땅덩이는 소 천지, 그래도 고기 모자라

SE 478년, 우쿠더스에서는 나무들을 좀처럼 쉽게 찾을 수 없었어요. 그 땅들을 모두 '아이쿠야'^(지구의 '소' 처럼 고기를 주는 동물)들이 차지하고 있었거든요. 그건 바로 '아이쿠야'하면 자다가도 벌떡 일어나 먹을 정도로 좋아한 우쿠더스 사람들 때문이에요.

고기를 먹으면 먹을수록 우쿠더스 별은 힘들어했다는 것을 알고 있나요? 고기를 많이 먹으면 그만큼 많은 짐승을 길러야 했죠. 문제는 우쿠더스 별에서 나는 식량 가운데 70퍼센트를 아이쿠야가 먹어 치웠다는 거예요.

그뿐인가요? 일 헥타르에 감자를 심으면 스물두 사람이 일 년 동안 먹고살 수 있고, 벼를 심으면 열아홉 사람이 먹고살 수 있었어요. 하지만 '아이쿠야'를 키우면 한두 사람만 일 년 동안 살 수 있을 뿐이었죠.[5]

우쿠더스 한 집안에서 일 년 동안 먹는 아이쿠야 고기를 만들려면 983리터가 넘는 화석 연료가 필요했어요. 화석 연료는 공기 중에 이산화탄소를 내뿜어서 우쿠더스 공기는 점점 더 나빠졌어요. 더 무서운 사실은 고기를 더 많이 만들려고 아이쿠야를 좁은 공간에 몰아 넣고 살찌는 약물을 먹이고 병에 걸리지 않게 항생제도 맞혔죠.

자, 이런 데도 앞으로 '고기'하면 눈에 불을 켜고 먹으려 달려들 건가요? 이제부터 고기 먹는 것을 조금씩 줄이면 어떨까요?[6]

> **지구사용법 10** 집
>
> 💡 고기는 줄이고 채소를 먹어요. 외식을 할 때도 채식으로 바꿔요. 고기 먹는 양을 조금만 더 줄이면 지금처럼 많은 가축들을 안 키워도 돼요.

🔥 소들이 내뿜는 메탄가스는 엄청나요. 온 세계 소 13억 마리한테서 나오는 메탄가스는 6,000만톤쯤으로 세계에서 만들어지는 메탄가스 양의 12퍼센트를 차지한다고 해요.[7]

🔥 미국에서 쇠고기 1파운드(453그램)을 만드는데 쓰는 물 19,736리터는 한 사람이 날마다 7분 동안 샤워할 때 일 년을 쓸 수 있는 양이라고 해요.[8]

11 일회용품 안 쓰기

에너지절약효과 80

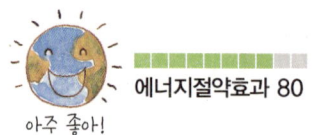

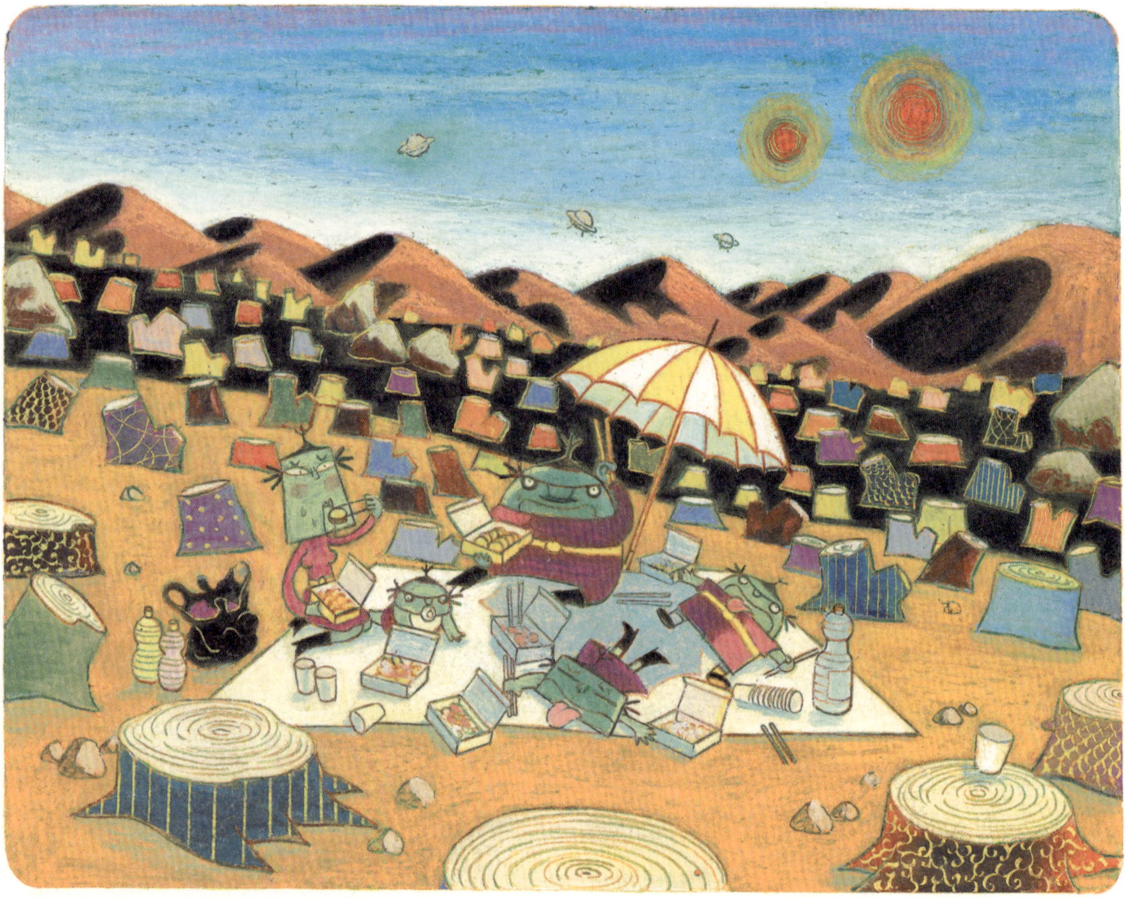

사람들이 우쿠더스에 마지막 남은 나무를 베어 만든 나무젓가락으로 도시락을 먹고 있다.(멸망 310년 전, 우쿠더스)

말 한마디로 쓰레기 줄이기

지구에 사는 우쿠더스 사람들은 바쁩니다. 새벽에 일어나 가발 써야죠, 변장 해야죠, 밤에는 《지구사용설명서》 복습 해야죠. 바빠도 너무 바빠요. 눈 코 뜰 새 없는 우쿠더스 어른들이 가장 즐겨 먹는 것은 배달 음식!

지구이주대책위원회 조사에 따르면 지구에 생긴 배달 음식점은 우쿠더스 사람들이 지구에 온 뒤로 해마다 두 배씩 늘어났어요. 배달 음식, 빠르고 편해서 좋긴 한데……. 눈 여겨 보면 거슬리는 게 있네요. 스티로폼 그릇, 랩, 나무젓가락 들처럼 일회용품이 너무 많다는 거죠.

가느다란 나무젓가락 하나 만드는 데도 석유와 나무가 들어요. 대한민국에서 쓰는 나무젓가락 대부분은 중국산인데요, 이것을 만드느라 중국에 있는 백양목과 자작나무가 마구 잘려 나가고 있어요. 나무가 사라져 중국 땅이 사막화가 되면 황사는 더욱 심해질 수밖에 없고, 해마다 중국 황사로 몸살을 앓는 대한민국도 더 큰 피해를 입을 거예요. 스티로폼 같은 일회용품은 잘 분해되지도 않고요. 썩으려면 500년 넘는 시간이 필요하죠. 종이컵과 나무젓가락은 20년이 걸리고요.[⑤]

한 가지 방법은 음식을 주문할 때 까다롭게 하는 거예요. "나무젓가락은 필요 없어요." 라고 똑부러지게 말하는 거죠. 알뜰한 엄마들은 이 나무젓가락을 모아서 필요할 때 쓴다고 하지만 이것 역시 일회용품을 쓰는 것이죠. 그러니 나무젓가락은 아예 안 받는 게 가장 좋겠지요?

지구사용법 11 집

- 음식을 주문할 때 나무젓가락이나 종이컵은 없어도 된다고 분명하게 말해요. 말하기 쑥스러워도 용기를 갖고 한번 말해 보세요. 그다음에는 쉬울 거예요.

- 필요 없다고 말했는데도 일회용품을 갖고 오면 다시 돌려보내세요.

- 일회용품 안 쓰는 음식점에 주문하세요.

12 포장 안 하기

다버리나가 마련한 '진짜 작은' 선물. 지구 친구들한테는 끔찍할 정도로 컸다.(대한민국)

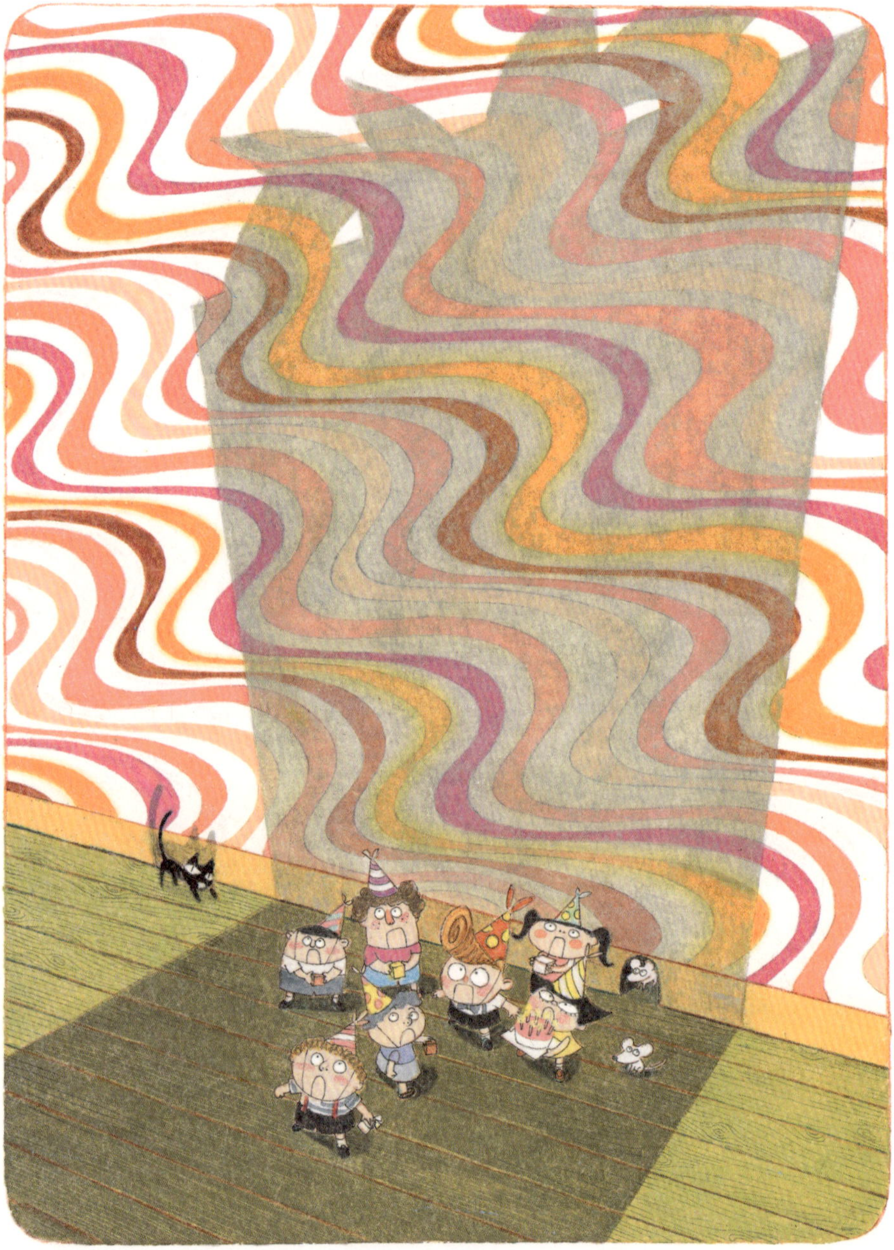

50

지구가 좋아하는 선물

지구 날짜로 4월 22일은 '지구의 날'이에요. 게다가 우쿠더스 사람들은 물론, 온 세계 사람들이 사랑하는 어린이 스타, 보라의 생일이에요. 보라는 어린이 환경운동가로도 이름이 나 있지요. 올해 온 세계 어린이들이 보라한테 생일 선물을 보냈어요. 보라는 기억에 남는 선물로 두 가지를 꼽았어요.

으뜸 선물은 뭐예요?

대한민국에 사는 현수가 보낸 방울 토마토예요. 저한테 주려고 몇 달 전부터 길렀대요. 농약 안 치고 햇볕 쬐고 물만 주면서 키웠다고 하는데 정말 달고 맛있었어요. 어떻게 길렀는지 알고 싶어요.

황당했던 선물도 있나요?

'다버리나'가 보낸 생일 잔치 꾸러미예요. 같은 대한민국에 사는데 현수랑 어쩜 이렇게 다르죠? 아무튼 이 선물은 엄청난 포장지밖에 기억이 안 나요. 포장 풀다가 하루가 다 갈 정도였어요. 받자마자 쓰레기가 되는 반짝이, 스티로폼 알갱이, 리본 들이 너무 아까워요.

가장 좋은 선물은 마음이 담겨 있으면서 쓰레기를 안 남기는 선물입니다. 손수 만든 간단한 음식이나 직접 기른 식물 같은 것이지요. 이렇게 '정성'이 듬뿍 들어간 선물은 세상에서 단 하나밖에 없으니 받는 친구들이 정말 좋아하겠죠? 이제부터는 친구도 기뻐하고 지구도 좋아하고, 돈도 덜 들고 만드는 사람도 즐거운, '일석이조' 아니 '일석사조'의 선물을 하세요!

> ## 지구사용법 12 집
>
> 🟡 선물을 할 때 포장하지 마세요. 친구에게 줄 때는 '지구를 위한 선물'이라고 말하세요.
>
> 🟡 쓸모 없는 선물을 주고 받지 마세요. 친구한테 꼭 필요한 물건이 무엇인지 생각하고 마음을 담아 전하세요.
>
> 💡 먹을 것을 만드는 것은 어때요? 직접 만든 음식에는 식품 첨가물이 안 들어가서 건강에도 좋아요.

🍄 종이 원료는 나무이고, 플라스틱이나 스티로폼의 원료는 석유예요. 비닐 원료도 석유죠. 가게에서 파는 물건들도 처음 만들어진 곳에서 여러분 동네까지 실려 오기까지는 많은 양의 석유가 들어요. 만든 선물은 이런 에너지 낭비가 없지요.

넘쳐 나는 음식물 쓰레기를 먹다 커다란 똥보 뱀이 된 '꼬무르'.(멸망 420년 전, 우쿠더스)

음식물 쓰레기 먹보, 꼬무르

우쿠더스에는 쓰레기를 먹어 치우는 고마운 동물이 있었죠. 음식물 쓰레기 먹보, 꼬무르예요. 그런데 우쿠더스 사람들은 꼬무르만 믿고 음식물을 여기저기 함부로 버렸죠. 귀엽고 통통하던 꼬무르는 얼마 못 가 어마어마한 크기의 뱀이 되어버렸죠. 꼬무르 덩치를 줄이는 방법은 딱 하나, 음식물 쓰레기를 줄이는 거였어요. SE 420년, 우쿠더스 정치인들은 '꼬무르' 법이라는 것을 만들었어요. 길거리에 과자 부스러기 하나라도 흘리면 경찰서로 잡혀 가는 무시무시한 법이었죠.

그런데 요즘, 지구이주대책위원회에서는 꼬무르 법을 다시 만들고 싶은 마음이 간절합니다. 길거리에 음식물 쓰레기가 넘쳐 나거든요. 대한민국에 사는 우쿠더스 사람들은 2005년에 18조 원이나 되는 식량을 통째로 버렸어요. 이것을 처리하는 데 무려 6천억 원 이상이 쓰였죠. 이대로 가다가는 대한민국 길거리도 우쿠더스처럼 음식물 쓰레기로 가득 찰 거예요. 으악!

식탁에 올라오는 밥과 반찬들은 모두 에너지 덩어리에요. 음식 재료를 만든 곳에서 시장으로 옮길 때, 부엌에서 음식물을 굽고 끓일 때 모두 석유나 가스를 쓰지요. 이산화탄소도 많이 생기고요. 그러니까 음식을 할 때도 먹을 때도 지구 사람들처럼 하자고요. 먹을 만큼만 적당히 만들고 음식물 쓰레기는 안 만드는 것이죠.

> ## 지구사용법 13 집
> 음식물 쓰레기는 지렁이한테 주세요. 음식물을 먹은 지렁이는 영양분이 많은 흙을 만들어 내는데, 이것을 밭에 거름으로 주면 녹색 식물이 쑥쑥 자라요.

지렁이 기르는 법
❶ 공기가 잘 통하는 화분에 흙을 넣어요.
❷ 지렁이는 흙 양의 2분의 1 또는 4분의 1쯤 준비해서 화분에 넣어요.
❸ 음식물 쓰레기를 통째로 넣거나 잘게 썰어 지렁이가 있는 화분에 넣은 뒤 흙을 덮어요.
❹ 지렁이 똥은 거둬서 화분에 퇴비로 줘요..

14 휴대 전화 덜 바꾸기

에너지절약효과 70

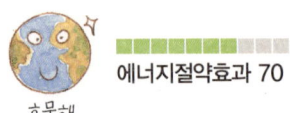

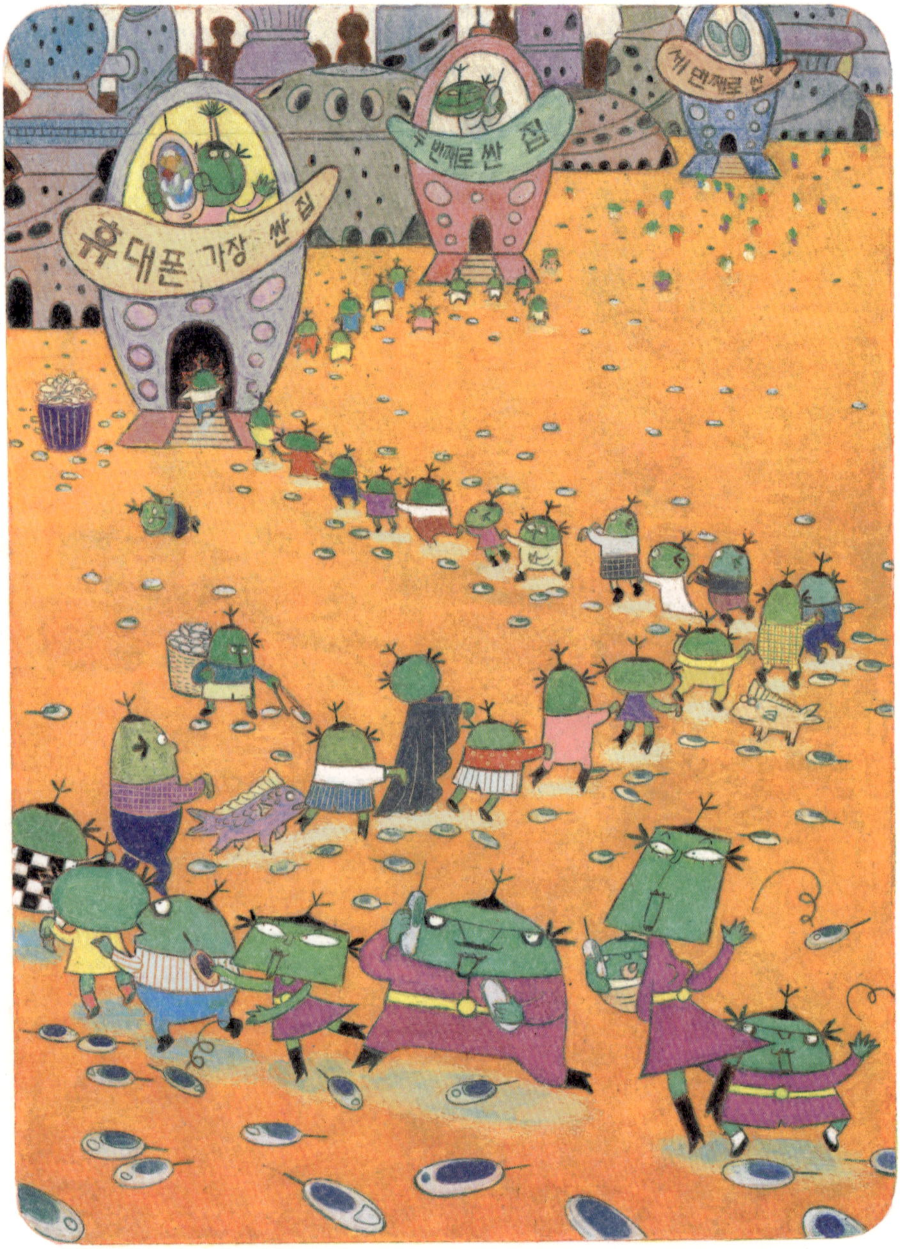

멸망 직전 우르르 생겨난 탱탱족들. 탱탱 바이러스에 걸린 탱탱족들이 멀쩡한 별을 순식간에 쓰레기별로 만들고 있다.(멸망 10년 전, 우쿠더스)

탱탱 바이러스, 지구에 나타나다

비상! 비상! 지구이주대책위원회에서 비상 경보를 내립니다. '탱탱 바이러스' 가 지구에 나타났습니다. 한 번 나타나면 3초 안에 온 집안은 물론 길 건너 이웃집 까지 빠르게 퍼지는 무서운 탱탱 바이러스! 이 바이러스에 걸리면 열이면 열 모 두 탱탱족이 됩니다. 지구이주대책위원회에서는 탱탱족을 가려내는 용한 질문을 만들었습니다. 아래 질문에 모두 '네' 하고 대답하면 틀림없이 '탱탱족' 입니다.

탱탱 바이러스 검사

① 새로운 휴대 전화(스마트폰) 이름과 모양을 다 꿰고 있습니까?
② 새 휴대 전화를 보면 눈동자가 커지고 숨이 차고 손이 떨립니까?(왜? 갖고 싶어서)
③ 아무리 좋은 휴대 전화도 6개월이 지나면 새것으로 바꿉니까?

새것에 목매는 탱탱족이 많을수록 지구는 몸살을 앓을 거예요. 새 물건을 만 들수록 그만큼 많은 재료가 필요하니까요. 휴대 전화, 노트북 들처럼 새로운 전자 제품을 만드는 데는 석유와 금, 은, 여러 중금 속이 쓰여요.

만드는 것보다 더 큰 문제는 버리는 겁니다. 우쿠더스에서는 여섯 달마다 휴대 전화 바꾸는 것을 당연하게 여겼으니 어쩌면 좋아요? 우리 가 버린 휴대 전화, 지구는 하나로 이어져 있으 니까 돌고 돌아서 결국 우리한테 오겠지요?

> **지구사용법 14**　집
> 💡 갖고 있는 휴대 전화에 사랑을 쏟으세요. '키루키루', '핑키' 처럼 재미있는 이름을 붙여 주면 곁에 두고 자꾸 쓰고 싶어질 거예요.
> 💡 속도나 기능이 떨어지면 서비스 센터로 가서 성능을 높여요. 새것 못지 않은 빵빵한 친구로 되돌아 올 거예요.

🔥 노트북 하나를 만드는 데 드는 에너지는 자동차 한 대를 만들 때 드는 에너지보다 다섯 배가 더 든대요.
🔥 휴대 전화를 그냥 버리면 땅이 망가져요. 쓰고 버린 휴대 전화를 버리는 것은 납 0.26그램,
　카드뮴 2.5피피엠, 코발트 274피피엠, 비소 20피피엠을 땅에 묻는 것과 같대요.⑪

15 파마 덜 하기

괜찮군

"하루라도 파마를 안 하면 머리에 뿔이 난다고요." 어느 시민의 고백.(멸망 390년 전, 우쿠더스)

뽀글 파마, 은빛 염색은 이젠 그만

　뽀글 파마는 우쿠더스 별에서 가장 인기 있는 머리 모양이었어요. 아름다움을 위해서라면 하루종일 미용실에 앉아 파마약 냄새에 파묻히는 것쯤은 아무것도 아니었어요. 염색은 또 어떻고요. 누군가 하루라도 머리 빛깔이 안 바뀌면 마치 세수 안 한 사람처럼 쳐다봤어요.

　세 살 버릇 여든까지 간다고 지구에 와서도 우쿠더스 사람들은 여전히 파마와 염색을 밥 먹듯 합니다. 하루에 두 번 파마는 기본이라나요.

　미용실 파마약과 탈색약은 좋지 않은 성분 범벅이에요. 파마를 하면 지독한 냄새에 머리가 지끈지끈 아프고 욱신거리기도 하는데 모두 지독한 화학 약품 때문이죠. 염색약에는 '망간'이란 물질이 들어 있는데, 한 연구팀 조사에 따르면 대한민국 미용실에서 쓰는 염색약 가운데 어떤 것은 법으로 정한 양의 두 배가 넘는 망간이 들어 있다고 해요. 납 성분도 꽤 들어 있고요. 망간과 납 성분은 머리를 아프게 하거나 관절, 근육을 아프게도 하고, 경련을 일으킬 수 있대요. 뿐만 아니라 피부병이 나거나 머리가 빠지기도 해요.

　이대로 파마와 염색을 자꾸 하다가는 몇 올 안 남은 우리 머리카락은 얼마 뒤에 모두 빠져버릴 거예요. 머리 빛깔 바꾸고 싶을 때는 반짝이는 머리를 떠올려 보세요. 독한 약으로 시름시름 앓는 지구 생각도 잊지 말고요.[12]

지구사용법 15　가게

　파마나 염색을 하면 건강에도 해롭고 강과 바다를 오염시켜요. 또 머리가 길면 비누나 샴푸를 많이 쓴 탓에 역시 물을 오염시키죠. 화려한 머리 모양은 사람들의 눈을 끌어 정체를 들킬 위험만 높아져요. 짧은 생머리를 간직하세요.

16 비닐봉투 안 쓰기

에너지절약효과 40

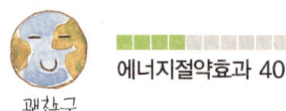

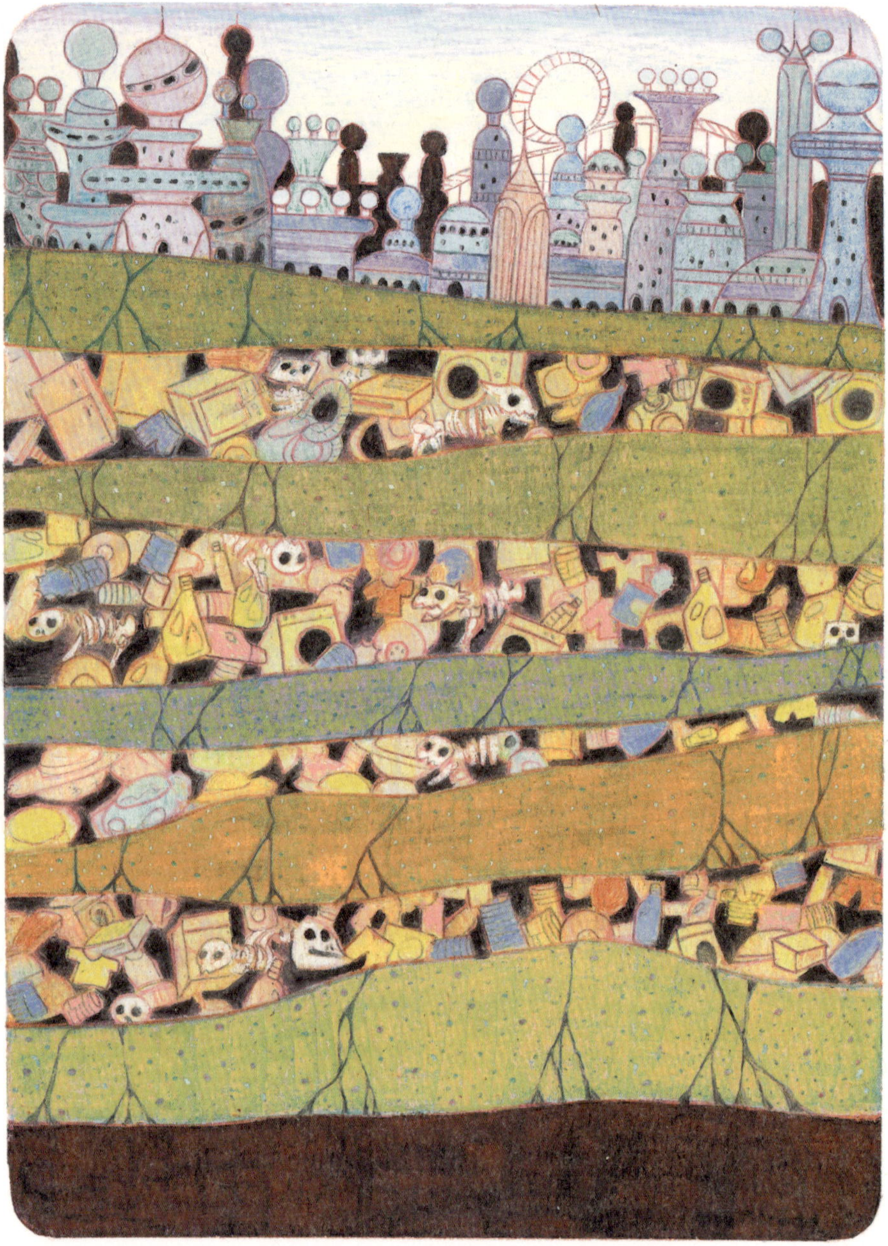

땅속에서 수백 수천 년 동안 그 모양 그대로 남아 있는 비닐봉투.(멸망 200년 전, 우쿠더스)

공포의 비닐봉투

SE 200년, 우쿠더스 파트만에서 바다거북이 떼로 죽은 사건을 알고 있나요? 죽은 바다거북들은 한결같이 입에 비닐봉투를 물고 있었죠. 그때 우쿠더스 사람들은 바다거북이 비닐봉투를 먹잇감으로 알고 서로 차지하려다가 큰 싸움이 일어난 줄로만 알고 있었죠. 하지만 진짜 범인은 비닐봉투였어요.

비닐봉투는 가벼워서 바람을 타고 잘 날아다녀요. 그러다 바다에 떠다니기도 하는데, 문제는 바다 생물들이 잘 삼킨다는 거예요. 투명해서 잘 안 보이기도 하고 먹이로 잘못 알고 먹기도 해요. 우쿠더스에서 비닐봉투를 꿀꺽 삼키고 질식해서 안타깝게 죽은 고래나 거북은 셀 수 없이 많아요.

비닐봉투가 땅 속에서 분해 되는 데는 무려 천 년이 넘게 걸려요. 우리가 몇 백 번 죽다 살아나도 못 채우는 긴 시간이죠. 더구나 비닐봉투는 석유로 만든다는 것도 알고 있나요?

비닐봉투 한 장 만드는 데 드는 석유로 승용차를 백 미터나 몰고 갈 수 있다고 해요. 비닐봉투 열 개를 안 쓰면 승용차가 1킬로미터 갈 수 있는 석유를 아끼는 거죠. 그러니까 비닐봉투는 아예 안 쓸수록 좋아요.

지구사용법 16

시장에 갈 때 장바구니를 꼭 챙기세요. 장바구니가 없으면 그냥 손에 들고 오세요. 어머니가 심부름 시킨 것 두세 개, 문방구에서 사는 학용품 한두 개 정도는 두 손에 충분히 들고 올 수 있잖아요.

일회용품이 분해되는 데 걸리는 시간은?
- 스티로폼·알루미늄 통: 500년 이상
- 플라스틱 병·일회용 기저귀: 100년 이상
- 나무젓가락·일회용 컵: 20년 이상

17 먹을 만큼 담기

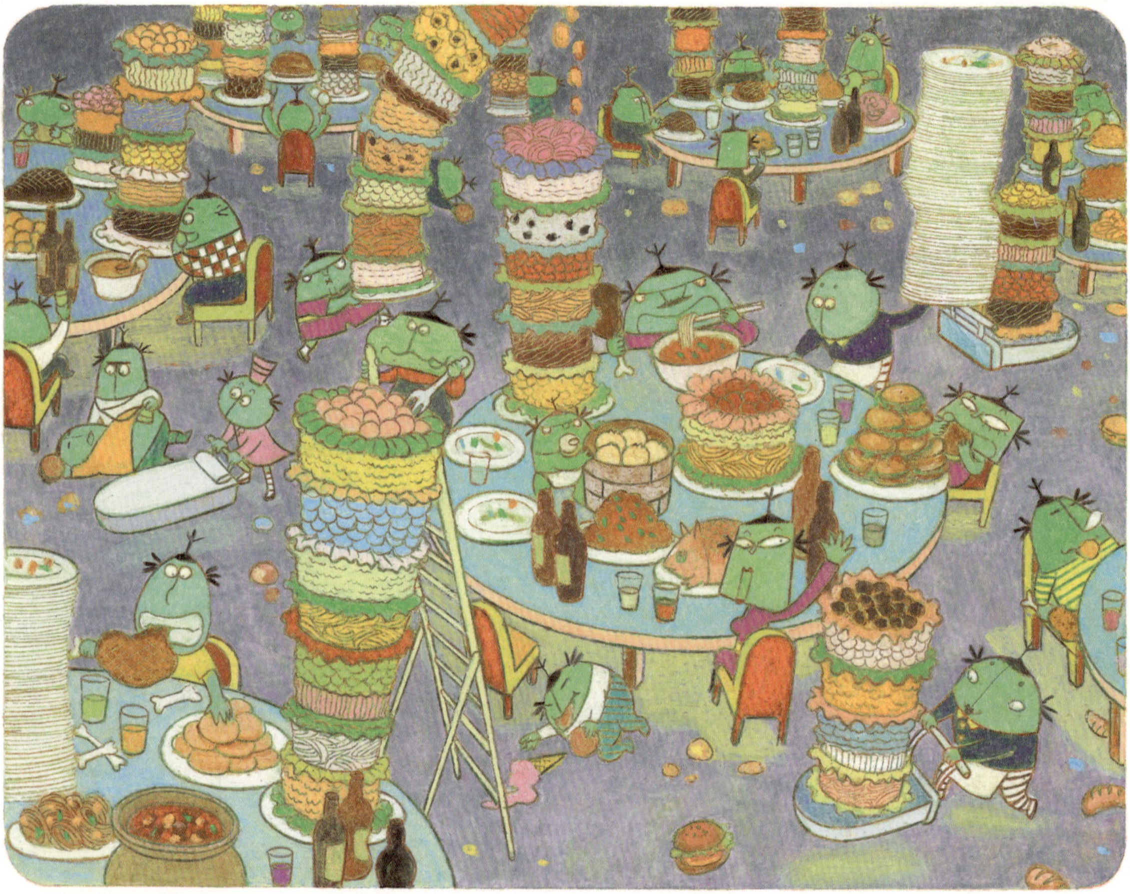

음식을 천정에 닿을 정도로 높이 쌓는 바람에 지구 사람들의 눈총을 받은 우쿠더스 사람들.(대한민국)

뷔페 식당에서 살아남는 법

작년 한 해 지구에서는 응급실로 실려간 사람들이 유난히 많았어요. 갑자기 배가 아파 응급실로 실려간 사람은 오백 명이었죠. 이 가운데 삼백아흔아홉 명이 우쿠더스 사람이었어요. 증상은 모두 똑같아요. 너무 많이 먹어 배가 터질 지경이었다는 거죠. 우쿠더스 사람들은 먹을 것을 좋아하는 데다, 음식 냄새만 맡으면 머릿속에 '반짝!' 하고 불이 켜지듯 먹을 것에 달려드는 버릇이 있거든요.

배 터져 죽을 뻔한 것보다 더 어처구니 없는 일도 있어요. 뷔페 식당에 갔다가 빚더미에 오른 막쓸레옹 씨예요. 음식을 남기면 밥 값의 열 배를 더 내야 하는 벌칙에 딱 걸린 거예요. 막쓸레옹 식구들 모두 음식을 다 쓸어 담아 놓고 못 먹은 거죠. 그 식당은 막쓸레옹 씨가 낸 벌금 덕에 떼돈을 벌었다는 소문이 자자해요.

이렇게 욕심을 부려 음식을 많이 시키면 우리 몸도, 우리가 사는 지구도 음식물 쓰레기에 치여 허덕입니다. 생각해 보세요. 식당에서 반도 채 먹지 않고 버린 음식들은 누가 먹고, 또 어떻게 처리할 수 있을까요? 지구에는 쓰레기 먹보, 꼬무르^(53쪽에 나와요)도 없는데 말이죠.

이제 막쓸레옹 식구들처럼 먹을 것 앞에서 욕심 부리는 어리석은 행동은 안 하기로 해요. 뷔페 식당에서도 지구 사람들이 하는 것처럼 조금씩, 먹을 만큼만 음식을 덜어요. 뷔페 식당 갔다가 배 터지는 것처럼 부끄러운 사건은 앞으로 없어야겠죠?

지구사용법 17

🟨 뷔페 식당에서는 한번에 너무 많이 담지 마세요. 몇 번이고 갈 수 있으니까 배가 많이 고프더라도 욕심 안 내고 조금씩 담아서 그릇을 비우는 습관을 들이세요.

🟨 음식을 안 남기려면 자신이 보통 때 얼마나 먹는지 잘 알아야겠지요? 얼만큼 담아야 할지 잘 모를 때는 엄마, 아빠한테 물어보세요.

18 내 고장 식품 먹기

에너지절약효과 60

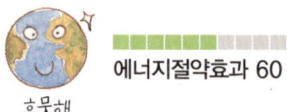

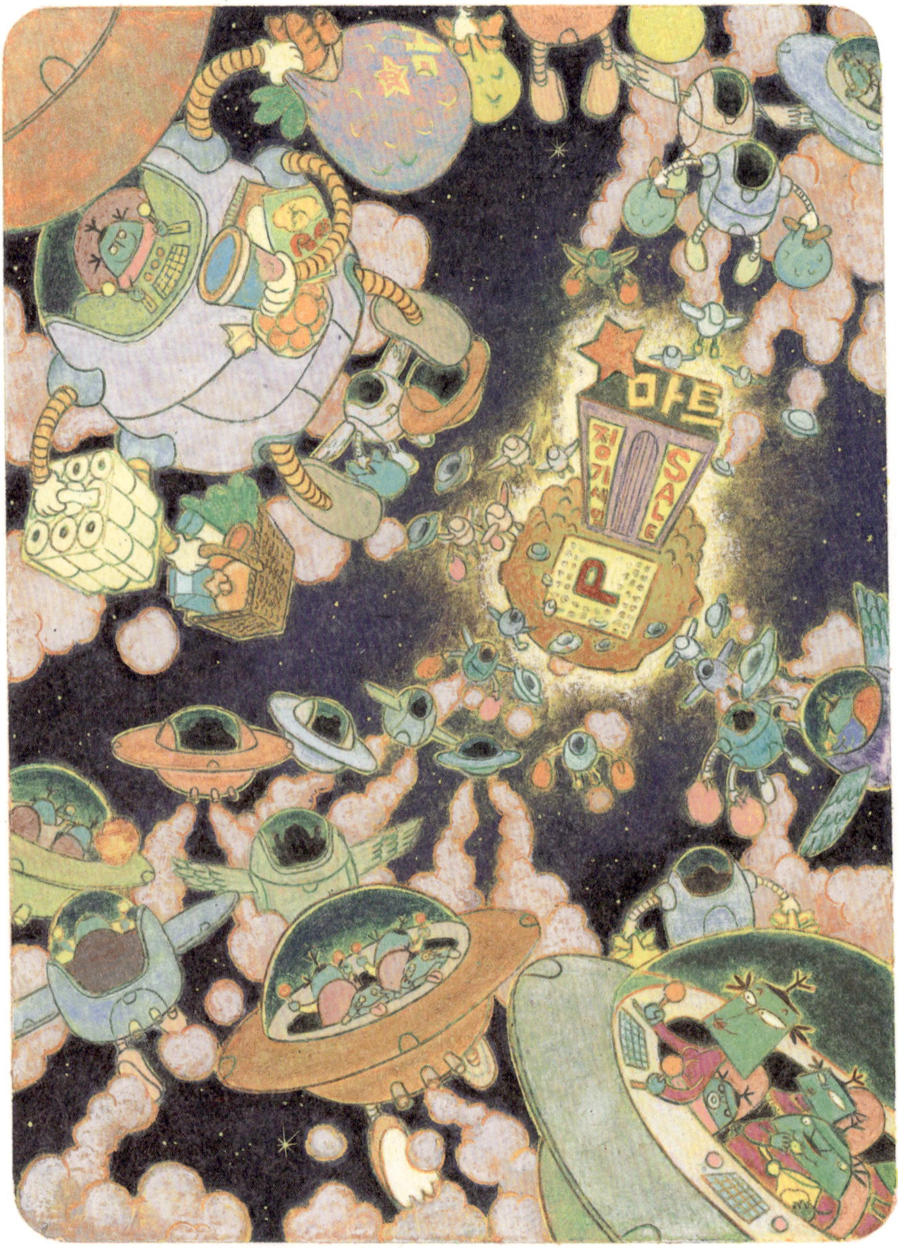

우주선을 타고 별 마트에 장 보러 가는 우쿠더스 사람들.(멸망 100년 전, 우주)

마구쓰나 여사의 장바구니

우쿠더스 사람 마구쓰나 여사의 장바구니를 펼쳐 볼까요? 필리핀산 바나나, 칠레산 포도, 미국산 오렌지, 호주산 쇠고기, 벨기에산 돼지고기, 베트남산 쥐포……. 도대체 대한민국에서 난 것은 눈을 씻고 찾아봐도 없군요.

마구쓰나 여사가 산 식품들은 어떻게 대한민국까지 온 걸까요? 외국에서 만들어 비행기와 배, 그리고 다시 자동차를 타고 온 것이죠. 음식이 만들어져서 우리 입에 들어오기까지 옮겨간 거리를 가리켜 '푸드 마일리지'라고 해요. 푸드 마일리지는 숫자가 클수록 멀리서 왔다는 뜻이죠.

산 넘고 물 건너 머나먼 곳에서 만들어진 먹을거리들이 세계 여행을 하려면 엄청난 에너지가 들겠지요? 마구쓰나 여사가 덥석 집어 들었던 식품들은 석유와 이산화탄소를 길바닥에 뿌리면서 지구를 힘들게 했던 거예요.

가까운 고장에서 난 식품들을 사면 그만큼 에너지를 줄일 수 있는 데다 신선하게 먹을 수 있어요. 멀고 먼 다른 나라에서 만든 식품보다 가까운 우리 고장에서 난 것들을 먹는 것, 그게 지구에서 오랫동안 살 수 있는 길이에요.

지구사용법 18   🏪 가게

📒 먼 곳에서 온 식품들은 되도록 사지 마세요.

💡 고장에서 난 먹을거리를 사세요.

💡 날마다 이산화탄소를 얼마나 내뿜고 사는지 알아보세요.
- www.gihoo.or.kr (환경부기후변화포탈)
- safeclimate.greenkorea.org (녹색연합)
- carbon.forest.go.kr/tree_carbon_calculator (국립산림과학원 탄소나무 계산기)

🔥 2000년 대한민국에 사는 우쿠더스 사람들은 한 사람에 3,228㎞/t이라는 푸드 마일리지를 기록했어요. 식품 일 톤이 우쿠더스 사람들의 입에 들어오는데 평균 3,228킬로미터를 옮겨갔다는 뜻이죠. 이 거리는 서울에서 부산까지 거리의 일곱 배나 되는 거예요.[13]

🔥 100만 명의 사람들이 일 년 동안 자기 고장 음식을 먹으면 약 625,000톤의 이산화탄소를 줄일 수 있다고 해요.[14]

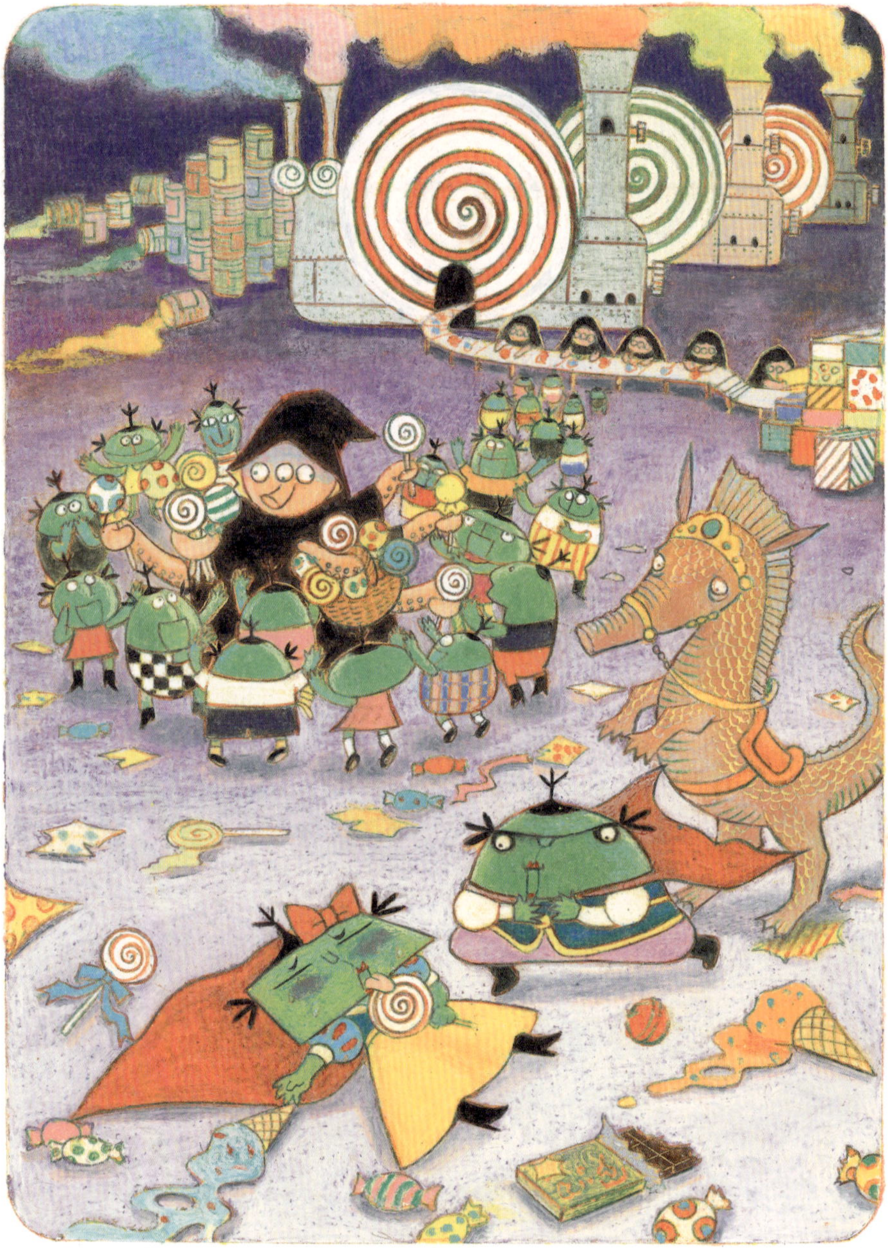

알록달록한 빛깔과 달달한 맛에 속은 아이들.(멸망 200년 전, 우쿠더스)

빛깔에 속고 맛에 속고

우쿠더스와 지구는 쌍둥이 별이죠. 그런데 두 별에서 살아가는 사람들은 정반대예요. 먹는 것만 봐도 그래요. 지구 사람은 지구랑 자기 몸에 안전한 음식을 찾아요. 천연 원료로 만든 것, 첨가물이 없는 것을 먼저 꼽죠. 우쿠더스 사람들은 '맛'을 으뜸으로 꼽아요.

우쿠더스 사람 모두가 좋아하는 초콜릿. 그런데 초콜릿 원료 가운데 가장 많은 것이 뭔지 아세요? 카카오라고요? 땡! 설탕이에요. 초콜릿 포장지에 깨알같이 쓰인 작은 글씨를 살펴보면 알 수 있어요. 첫 번째 쓰여 있는 것이 가장 많이 들어있는 성분인데, 초콜릿에는 '백설탕^(또는 정제당)'이라고 되어 있지요. 그 다음이 카카오고요. 그럼 나머지는 뭘까요? 원래 가루 상태인 설탕과 코코아 가루를 딱딱하게 만들 때 쓰는 기름, 빛깔과 향을 내는 여러 가지 첨가물이 들어가요. 그러니까 초콜릿을 먹는다는 것은 코코아와 그보다 훨씬 많은 설탕과 식품 첨가물을 먹는다는 것이죠.

설탕을 많이 먹으면 어떻게 나쁘냐고요? 칼로리가 높아 살이 쪄요. 무엇보다 면역력을 약하게 하고요. 우리 몸속에는 병균을 잡아먹는 세포인 '백혈구'가 있어요. 설탕을 먹고 나면 백혈구 기능이 다섯 시간 동안 육 분의 일로 줄어든다는 연구가 있어요. 불안, 주의산만, 당뇨, 성인병 들이 생길 수도 있고요.

식품 첨가물이 든 과자나 음식, 되도록 안 먹는 것이 좋겠죠?

지구사용법 19

가게

농약 안 친 재료와 천연 조미료를 써서 공해 없는 도시락을 만들어요. 재료는 원산지와 성분을 꼼꼼히 살펴보고 사면 돼요. 한번 쓰고 버리는 일회용품이나 몸에 안 좋은 환경 호르몬을 만드는 플라스틱 그릇은 안 쓰도록 해요.

괜찮군

우쿠더스
에너지 팍팍 쓰기 캠페인

우쿠더스를 따뜻하게
C2.
고마운 방귀

아름다운 D라인 만들기

징그러운 벌레 0%

천 년 만 년
그 모양 그대로

다시 쓰기 금지

분리수거 금지

아낌없이 바닥까지
긁어 쓰기

우쿠더스의 밤은
낮보다 환하다

바로 코앞도
걷지 말기

우쿠더스 온난화 만들기 운동 본부

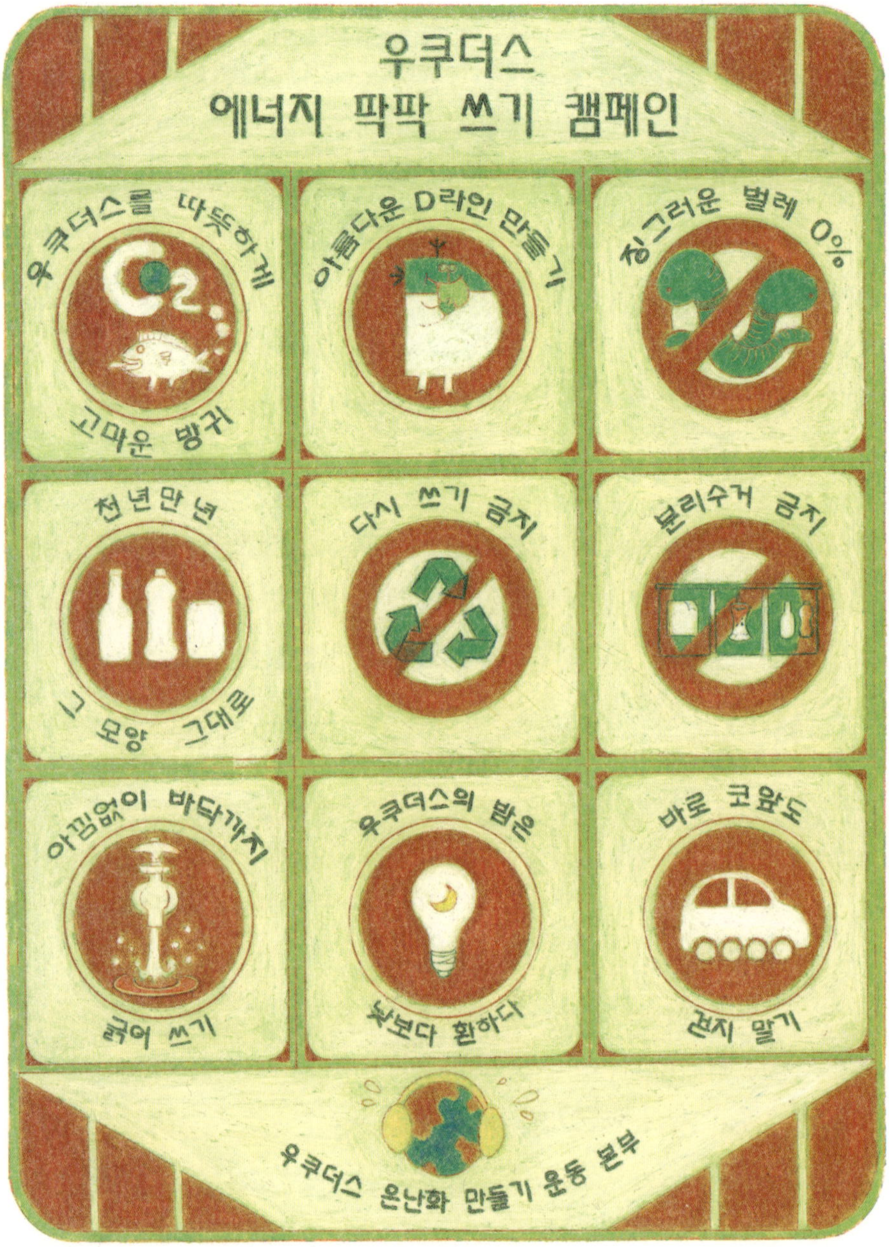

우쿠더스 시민들이 가장 사랑했던 환경 표시.(멸망 100년 전, 우쿠더스)

이상하고 복잡한 지구촌 환경 표시

아는 만큼 보인다는 말이 있어요. 지구 사람들은 환경을 생각하여 만든 물건들에 특별한 표시를 만들어 붙였어요. 이러한 표시들을 잘 알고 있으면 지구를 위한 물건인지 아닌지 알 수 있어요. 지구를 살리는 환경 표시, 알아볼까요?

지구사용법 20

 집   가게

환경 표시
만들 때부터 버릴 때까지 모든 과정에서 환경을 덜 오염시키거나 에너지를 아낄 수 있는 상품이에요.

GR(Good Recycled Product) **표시**
품질이 좋은 재활용 제품에 정부가 붙이는 표시예요.

에너지절약 표시
회사 스스로 만든 에너지 절약 기준에 만족하는 에너지 절약 제품이에요.

환경성적표지제도(EDP: Environmental Declaration Products)
물건을 만드는 모든 과정에서 쓰이는 물건과 내뿜는 오염 물질이 환경에 끼치는 영향을 양으로 표시해요.

에너지소비효율등급
에너지소비효율이나 사용량에 따라 등급을 나눈 것으로, 1등급에 가까울수록 에너지 효율이 높은 제품이에요.

온실가스배출량 인증 제품 표시
물건을 만드는 과정에서 온실가스를 내뿜은 양을 보고 공공기관에서 인증한 제품에 붙이는 표시예요.

저탄소 인증 제품 표시
정부가 내세운 '온실 가스 줄이기' 목표를 달성했을 때 '저탄소 제품'으로 인정하고 친환경 상품임을 드러내는 표시예요.

품질 인증 표시(GH: Goods of Health)
식품, 약품, 화장품, 의료기기 들의 품질과 기능을 엄격히 평가해 기준을 통과한 제품에 붙이는 인증 표시예요. 보건 관련 제품의 KS 마크라고 해요.

농산물에 붙이는 표시

유기 농산물
농약과 화학비료를 3년 이상 한 번도 안 쓰고 기른 곡식이나 채소. 가장 안전해요.

전환기 유기 농산물
농약과 화학비료를 1년 이상 한 번도 안 쓰고 기른 곡식이나 채소.

무농약 농산물
농약은 안 쓰고 화학비료는 권장량의 3분의 1 이하로 써서 기른 곡식이나 채소.

저농약 농산물
농약 뿌린 횟수는 사용 기준의 2분의 1 이하, 화학비료는 권장량의 2분의 1 이하로 써서 기른 곡식이나 채소.

21 자전거 타기

에너지절약효과 60

호뭇해

나들이 나갔다가 SE 950년 우쿠리 족이 타던 바퀴를 발견한 막쓸레옹 식구들.(멸망 100년 전, 우쿠더스 아만다)

바퀴, 무시했다가 큰코다쳤어

SE 0년^(지구력 1947년), 지구에 온 첫날, 두근거리는 마음으로 우주선에서 내렸을 때 막쓸레옹 식구들은 눈 앞에 펼쳐진 광경을 믿을 수가 없었어요. 넓은 도로를 꽉 채운 것은 자동차도, 비행기도 아니고 그저 두 바퀴 탈것이었거든요.

땀을 뻘뻘 흘리며 바퀴를 움직이는 지구 사람들을 보면서 막쓸레옹 식구들은 우쿠더스 원시 종족, '우쿠리' 족을 떠올렸어요. '우쿠리' 족은 까마득하게 멀고 먼 옛날에 살던 사람들인데 바퀴로 탈것을 만들어 타고 다녔거든요.

아쉽게도 우쿠리 족이 만들었던 탈것은 금세 사라졌어요. 우쿠더스 사람들은 기술이 발전할수록 점점 빠른 것, 편한 것만 만들고 탔거든요. 엎어지면 코앞에 닿는 식당도 제트기를 타고 쌩 다녀오곤 했지요.

이제 우리가 살 곳은 지구예요. 제트기 타고 식당을 오가던 시절은 이미 지나갔어요. 지금부터는 지구 사람들과 친하게 지내면서 지구 사람이 사는 법에 따라 살아야 해요. 어떻게 이웃사촌을 만드냐고요?

가장 좋은 방법은 자전거를 배우는 거예요. 지구 사람들은 자전거를 자동차보다 더 대접하거든요. 똑똑한 지구 사람들은 지구 온난화를 막을 수 있는 것 가운데 하나가 자전거라고 생각하고 아주 소중하게 여기기 때문이지요.

지구사용법 21   거리

💡 자전거를 타면 몸이 튼튼해져요. 하루 30분씩 자전거를 타면 수명은 4년이 늘어나요.

💡 식구들과 함께 여행갈 때 자동차 말고 자전거로 여행해 보세요. 지구를 살리는 여행이 될 거예요.

🔥 열 사람이 일주일에 한 번씩 8킬로미터쯤 되는 거리를 자동차 대신 자전거로 다니면 매년 이산화탄소 1톤을 줄일 수 있어요. 나무 한 그루가 보통 40년 동안 내뿜는 양이지요.

🔥 자전거는 아무리 좁고 꼬불꼬불한 길도 너끈히 갈 수 있어요. 시원한 바람을 맛볼 수도 있고 높이 펼쳐진 하늘을 볼 수도 있어요.

22 큰 차 타기

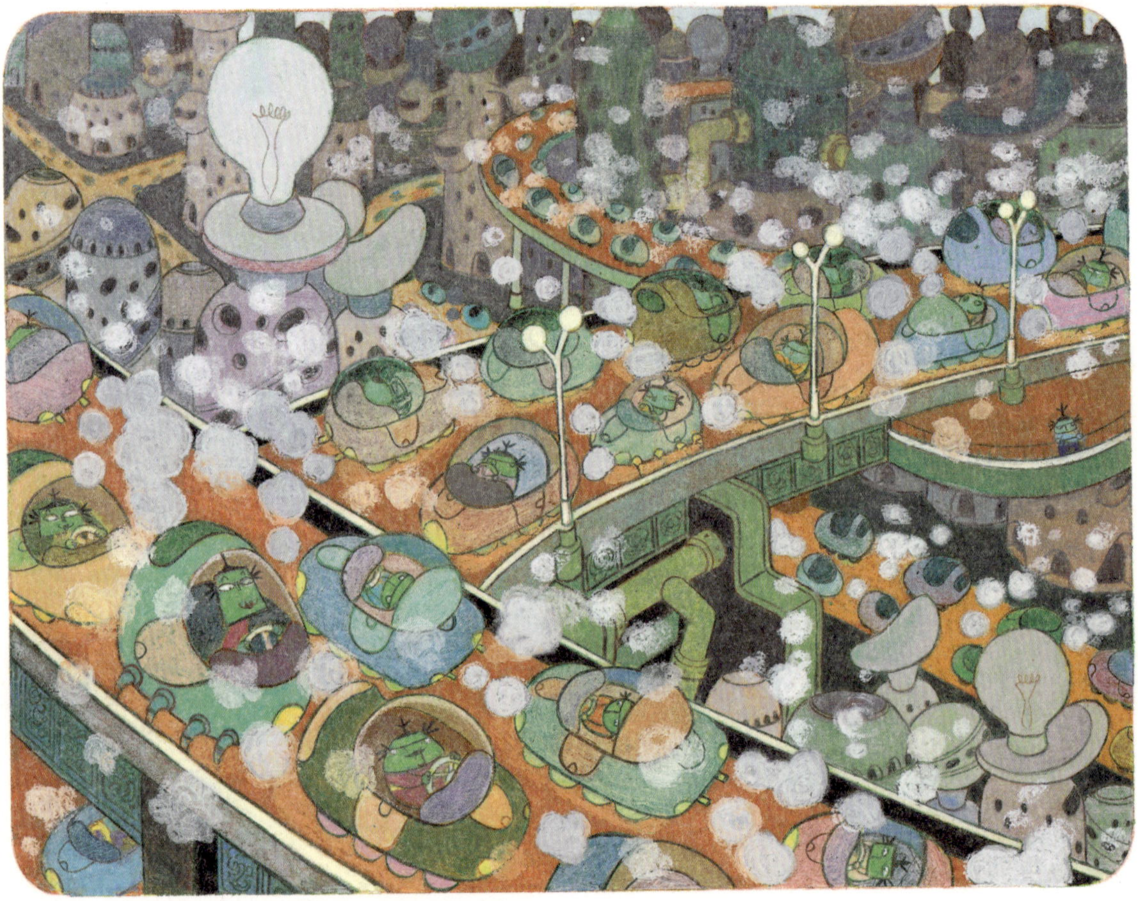

걷는 사람 구경하기는 하늘의 별 따기(멸망 470년 전, 우쿠더스)

70

취미는 자동차 모으기?

지구에서도 몇몇 도시 거리들은 꽉꽉 막혀 있을 때가 있지요. 이럴 땐 우쿠더스 도로가 생각나요. 도로 위를 꽉 메운 차들을 보면 어떤 생각이 드나요? 몽땅 다 갖고 싶다고요? 쯧쯧, 아직도 지구 사람이 덜 되었군요.

짠돌이라 소문났던 이주 1세대들조차도 지구에서 자동차를 사는 데는 돈을 안 아꼈죠. 지구 자동차들은 어찌나 예쁘고 멋진지! 화려한 빛깔과 예쁜 모양에 온통 마음을 빼앗겼죠. 지구에서 부자가 된 우쿠더스 사람들은 자동차를 사고 또 샀어요. 우쿠더스가 어떻게 망했는지 까맣게 잊어버리고 다들 자동차 사는 데 열을 올렸죠.

결과는 예상대로 나빴어요. 우리가 지구에 머무른 뒤로 자동차는 그 전과 견주어 다섯 배나 늘어났어요. 지구 사람들은 아직까지도 이상하게 생각하고 있어요. 점점 자동차를 안 사고 안 타는데 자동차가 많아지는 까닭이 무엇일까 하고 말이죠.

자동차는 탈것 가운데 비행기 다음으로 이산화탄소를 많이 내뿜어요. 이런 식으로 자동차를 사들이고 몰다가는 지구가 두 개 더 있어도 모자랄 거예요.

자, 식구들하고 큰 차 타기 운동을 함께해요. 자동차 대신 지하철과 버스를 타는 거죠.

지구사용법 22 거리

- 자동차를 탈 때 같은 곳으로 가는 사람들이 있으면 함께 타세요.
- 4킬로미터를 자동차 대신 버스나 지하철로 다니면 한 해에 이산화탄소 185킬로그램을 줄일 수 있어요.

1,000킬로미터를 갈 때 한 사람이 내뿜는 이산화탄소량
- 버스 또는 지하철 : 74킬로그램 • 기차 : 128킬로그램 • 자가용 : 168킬로그램 • 비행기 : 275킬로그램
지하철을 타면 이산화탄소량을 중대형 승용차의 100분의 1, 소형 승용차의 50분의 1로 줄일 수 있어요.

23 걷기

호뭇해 에너지절약효과 70

| 유인원기 | 콩콩기 | 식탐기 | 뚱뚱기 | 거미기 |

우쿠더스 멸망 직전 나타난 거미족. 걷기를 가장 싫어하고 팔다리가 가늘고 배가 불룩 나온 것이 특징이다.(멸망 50년 전, 우쿠더스)

72

새로운 인류, 거미족의 탄생

우쿠더스가 멸망하기 직전, '거미족'이 새로 탄생했다는 사실 알고 있나요? '거미족'은 팔다리가 가늘고 배가 불룩하게 튀어나왔어요.

지구이주대책위원회가 조사한 내용에 따르면 지구 이주 첫해, 거미족은 열 사람이었다가 다음 해 스무 사람으로 늘어났어요. 지구 곳곳에 있는 우쿠더스 의사들은 바짝 긴장했어요. 거미족한테 가장 심각한 문제인 '가는 팔다리와 배불뚝이 몸매'를 고치려고 길고 긴 연구에 들어갔어요. 드디어 40년 뒤 그 치료법을 찾아냈어요. 돈도 안 들고 부작용도 없는 이 훌륭한 치료법은 바로 '걷기'였죠. 걷기는 지구한테도 좋은 운동이에요. 차를 안 타고 걸어 다니면 지구 공기를 깨끗하게 하는 데 힘을 보태는 셈이니까요.

문제는 '거미족'이 가장 싫어하는 게 바로 '걷기'라는 거예요. 걷기 싫다며 툴툴거리는 거미족한테 "그럴 줄 알았어. 넌, 안 돼." 식으로 몰아붙이다가는 큰일납니다. 평생 사이가 나빠질 수도 있어요.

이럴 때는 머리를 써야죠. 배가 남산만 하게 나온 사진을 보여 주세요. 한 정거장 전에서 슬쩍 내린 다음, 같이 걸어가는 방법도 있지요. 가까운 지하철 역은 마을버스를 안 타고 그냥 걷는 것도 좋아요.

지구사용법 23 · 거리

💡 많이 걸으세요. 걷고 또 걸으면 건강에도 좋고 몸매도 좋아집니다.

💡 걷기는 다리만 튼튼하게 하는 게 아니라 허리·심장·혈관·폐도 튼튼하게 만들어 줍니다.

💡 엘리베이터를 타는 대신 계단을 오르내리세요. 평지를 걸을 때, 올라갈 때, 내려갈 때 쓰이는 근육이 다 달라서 다리가 튼튼해져요.

24 동물 안 버리기

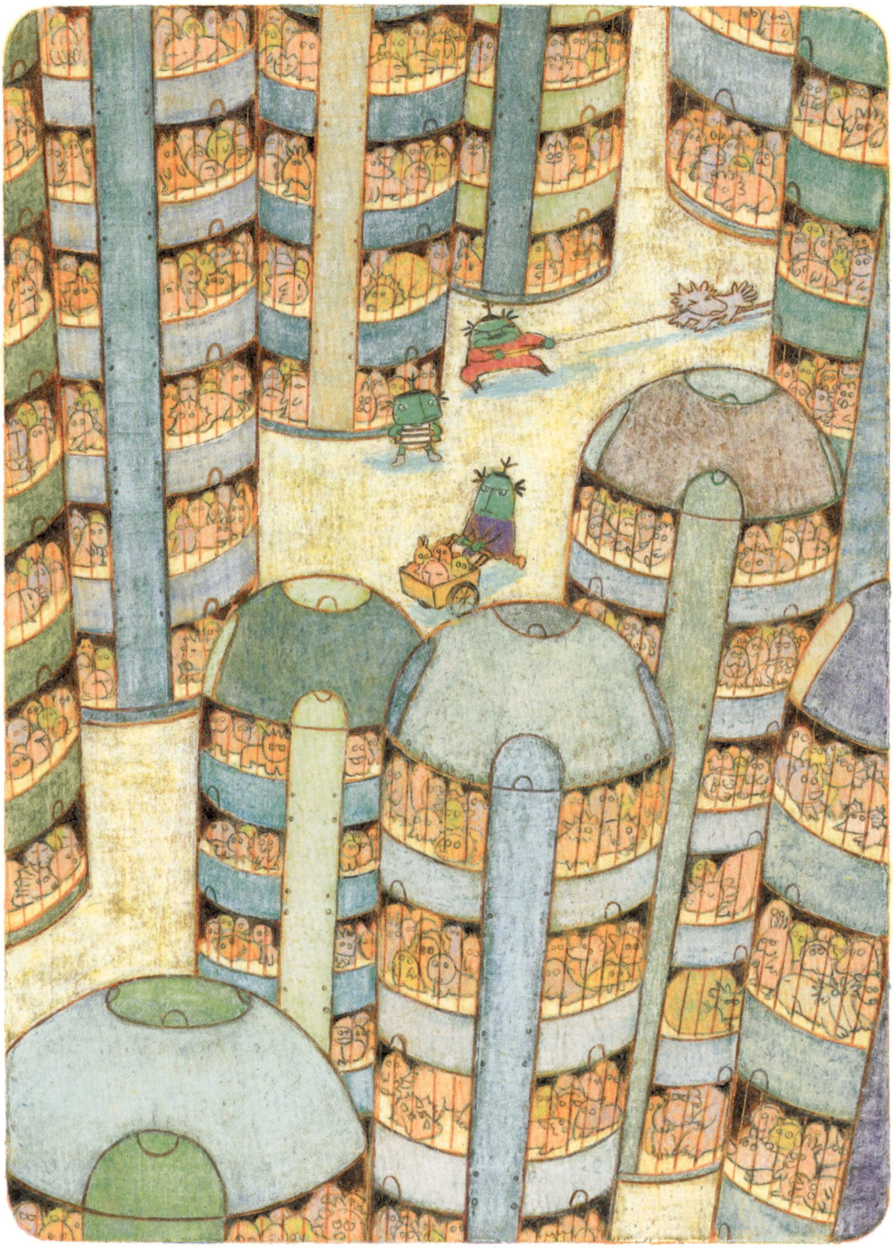

"대체 우리가 무슨 죄를 지었나요? 잘못을 저지른 건 우리를 길거리로 쫓아낸 사람들이라고요. 크앙."
도시를 방황하는 떠돌이 동물 수는 무려 20만 마리에 이른다.(멸망 280년 전, 우쿠더스)

떠돌이 애완동물 거리에 쏟아져

"야옹", "멍멍!"

동물 울음소리만 들으면 가슴이 뜨끔해진다고요? 우쿠더스 사람이라면 모두 그럴 거예요. 멀쩡한 애완동물을 아무렇지도 않게 버리곤 했잖아요. 희한하게도 지구 사람들은 안 그래요. 한두 달 키우다 보면 귀찮고 지겹기도 해서 버릴 만도 한데 오히려 늙어 죽을 때까지 예뻐하면서 키우죠. 애완동물을 쓰레기 버리듯 버리는 우쿠더스 사람과 한번 키우면 평생 같이 사는 지구 사람들, 왜 이렇게 다른 걸까요?

우쿠더스에는 여름과 겨울 휴가가 끝나면 버림받은 동물들이 넘쳐 났어요. 까닭은 저마다 달라요. 주인이 밥 챙겨 주기 귀찮아서, 몸집이 커져서, 때로는 아무런 까닭이 없기도 해요. 아무튼 한순간에 버림받은 동물들은 우울증과 영양 부족으로 힘든 날들을 보내야 했어요.

밤마다 동물 울음소리에 우쿠더스 사람들은 골머리가 썩을 지경이었어요. 다들 뾰족한 방법을 찾아 나섰죠. 떠돌이 애완동물을 돌보는 보호소를 세우고, 시민들이 기부를 해서 떠돌이 동물들한테 새끼를 안 낳게 하는 수술을 시키기도 했어요. 하지만 해마다 우쿠더스 사람들이 버리는 동물들을 감당할 수는 없었어요.

지구 사람들은 한번 키운 동물은 식구처럼 여기고 목숨을 다할 때까지 키운다고 해요. 애완동물도, 키우는 사람도 다같이 행복한 가장 좋은 방법은 한번 키우기로 한 동물은 끝까지 책임을 다해서 돌보는 것이겠죠?

지구사용법 24 · 거리

애완동물을 키운다면 죽는 날까지 끝까지 함께하겠다고 말하세요. 눈을 쳐다보며 말하고 손가락을 걸어 약속해요.

25 석유 아끼기

에너지절약효과 90

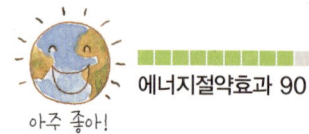

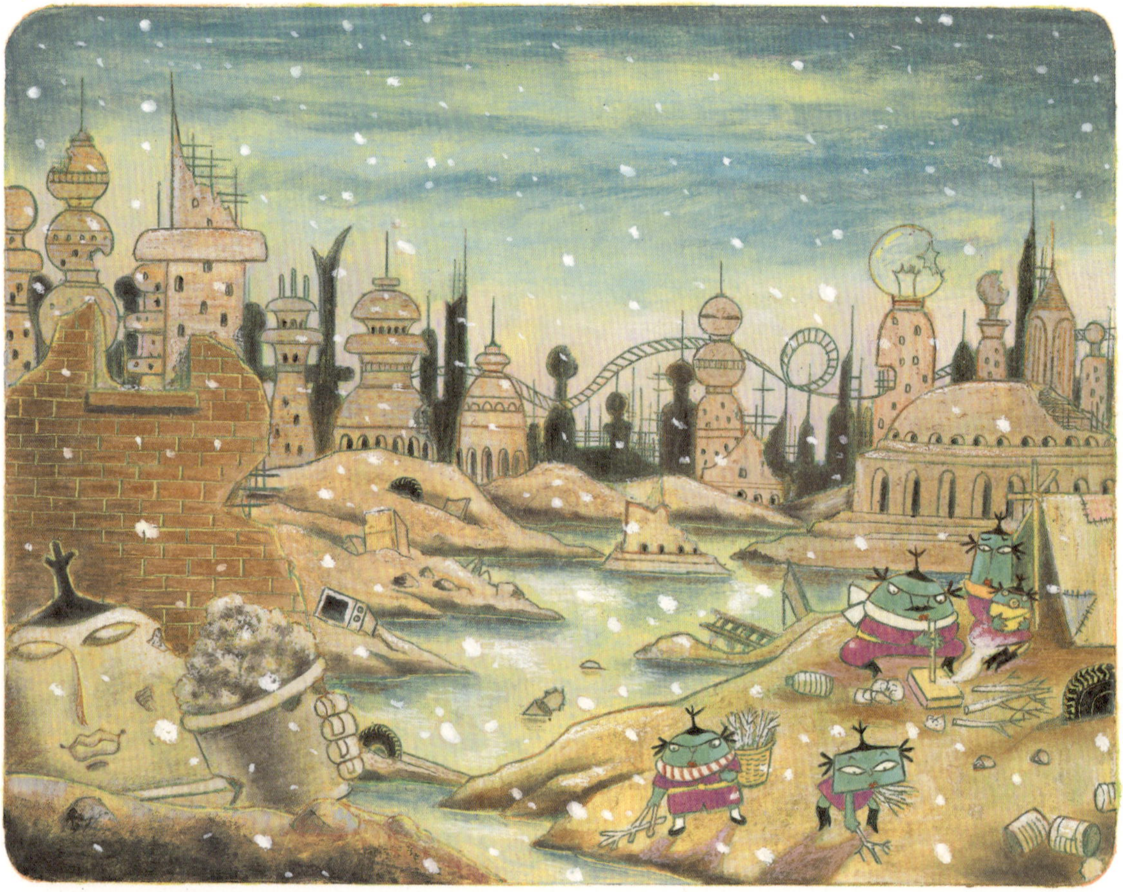

마지막 한 방울 석유까지 다 써 버려 모든 것이 멈추었을 때.(멸망 10일 전, 우쿠더스)

마지막 석유 한 방울이 없어지던 날

"세상은 끝났다!"

우쿠더스 별에 석유가 동나던 날, 사람들이 외쳤던 말이에요. 마지막 남은 석유 한 방울까지 다 써버리자 우쿠더스 사람들은 아무것도 할 수 없었어요. 탈것도, 공장도, 모든 것이 그대로 멈추고 말았어요. 도시는 아수라장이 되었고요. 석유가 바닥나면서 우쿠더스 멸망은 코앞으로 다가왔어요.

우쿠더스는 석유가 넘쳐 나던 별이었어요. 전기를 만드는 데, 자동차를 굴리는 데, 공장을 돌리는 데, 또 옷이나 신발을 만드는 데, 컴퓨터를 만드는 데 모두 쓰이는 것이 바로 석유였죠. 문제는 펑펑 솟아난다고 맘껏 써버렸다는 거예요.

누군가 석유는 바닥날 거라고 말했지만, 그건 아주아주 나중에 일어날 일이라고만 여겼어요. 백 년이나 더 빨리 바닥날지 누가 알았겠어요. 지구 사람들처럼 석유를 아껴쓰고, 석유를 대신할 다른 에너지를 찾으려 애썼다면 우쿠더스가 멸망하지는 않았을 거예요.

앞으로 50년쯤이 지나면 지구에 있는 석유가 바닥날지 모른다고 걱정하는 과학자들도 많아요. 석유를 만들 수도 없고, 그렇다고 석유를 안 쓸 수도 없고……. 그렇다면? 새로운 친환경 에너지원이 개발될 때까지 지금 남아 있는 석유를 될 수 있는 대로 아껴 쓰는 수밖에 없지요.

지구사용법 25 · 거리

- 재활용할 수 있는 음료수 캔을 쓰레기통에 버리는 것은 소중한 석유를 그냥 버리는 것과 같아요.

- 병을 재활용 통에 넣기 전에 병에 붙어 있는 종이는 물로 적신 다음 떼어 내세요. 한 사람이 할 때는 아무것도 아닌 일처럼 보이는 일도 모이면 기계를 돌려야 하거든요.

🤚 사이다 캔 한 개를 만들려면 석유 반 컵이 필요한데 이는 집에 있는 백열등 한 개를 두 시간쯤 켤 수 있는 에너지예요.

🤚 석유는 아주 오래 전에 묻힌 '동물의 시체'에서 만들어져요. 동물의 시체가 땅 속에 묻혀 진흙이나 먼지 들과 섞인 다음, 그 위에 흙과 돌이 쌓이면 열과 압력을 받아 시체 성분이 석유로 바뀌는 거지요. 이처럼 석유가 만들어지려면 아주 오랜 시간이 걸리는데, 학자들은 대략 수십만 년쯤 걸린다고 추측하고 있어요. 아무리 과학기술이 발전해도 우리가 살아 있는 동안 석유를 만들 수는 없어요.

에너지절약효과 70

호뭇해

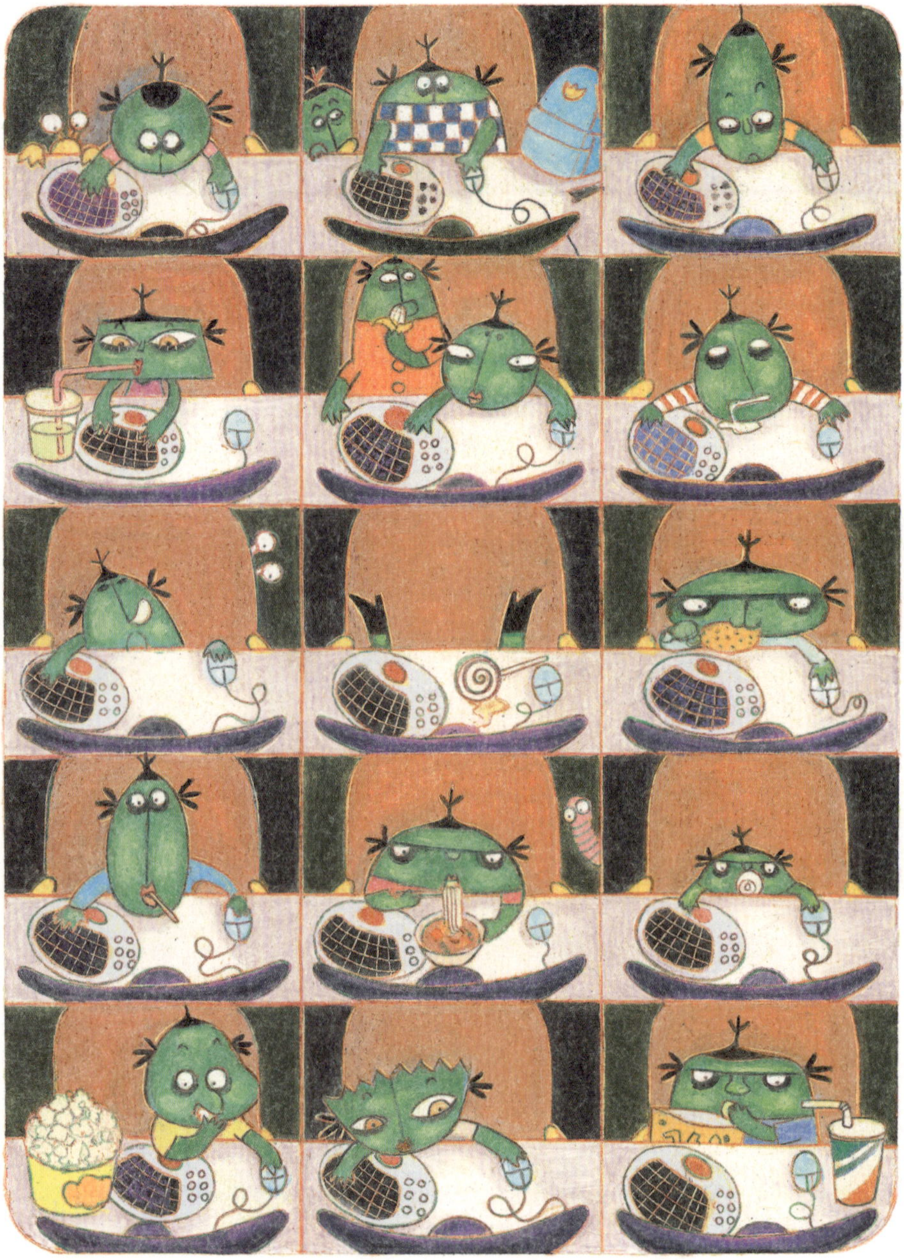

먹고 자고 공부하고……. 무엇이든 컴퓨터 앞에서 하는 아이들.(멸망 70년 전, 우쿠더스)

하루 종일 컴퓨터와 함께

온 세계에서 건강이 가장 나쁜 아이들은 우쿠더스 아이들일 거예요. 언뜻 보면 잘 몰라요. 몸집은 지구 아이들하고 견주어 봐도 비슷하니까요. 그런데 속을 들여다 보면 출렁이는 뱃살 안에 온갖 병을 숨기고 있어요. 운동 안 하는 버릇 때문이에요.

우쿠더스 아이들이 가장 좋아하는 것은 컴퓨터 게임이에요. 컴퓨터 게임, 물론 재미있죠. 하지만 자꾸 하면 눈이 건조해지고 어깨·목·손목 들이 뻣뻣해져요. 또 게임 대부분은 중독성이 강해서 하다 보면 시간 가는 줄 모르죠.

지구 아이들은 어떨까요? 체력만 따져 봐도 우쿠더스 아이들보다 두 배는 더 좋아요. 늘 나가서 뛰어 노니까 달리기나 걷기 운동은 절로 하는 셈이 되지요.

뛰고 걷는 것처럼 산소를 많이 마시는 유산소 운동을 하면 근육은 물론 폐와 심장이 튼튼해져요. 다이어트에도 좋고요. 그뿐인가요? 운동을 하면 몸속에 있던 찌꺼기가 땀이나 숨과 함께 몸 밖으로 나가요. '개운하다' 또는 '시원하다'는 느낌이 들지요. 밥도 잘 먹고 잠도 잘 와요. 키 크는 데도 도움을 주고요. 운동을 하면서 햇빛을 쬐면 피부에서 비타민 D를 만들어서 면역 작용을 하는 멜라닌 세포가 활발하게 움직여요.

그렇다고 컴퓨터 게임을 딱 끊기 어렵다면 좀 줄이는 건 어때요? 반찬을 골고루 먹어야 몸에 좋듯이 컴퓨터 게임을 한 시간 했다면, 그다음에는 농구 한 판을 하는 거죠.

지구사용법 26 거리

💡 같이 운동할 친구가 없다면 혼자 할 수 있는 운동도 많아요.

❶ 자전거 타기.
❷ 일정한 목적지를 정해 놓고 걷기.
　(공원처럼 나무가 있는 곳이면 좋겠죠.)
❸ 좋아하는 음악 틀어 놓고 춤추기.

하지만 이런 운동도 혼자서 하면 재미가 없어서 금방 그만둬 버리는 것도 사실이죠. 그러니 단짝 친구한테 함께하자고 말하는 게 어떨까요?

27 종이 따로 거두기(분리수거)

에너지절약효과 80

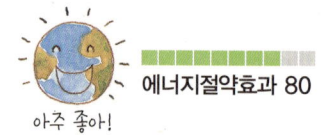

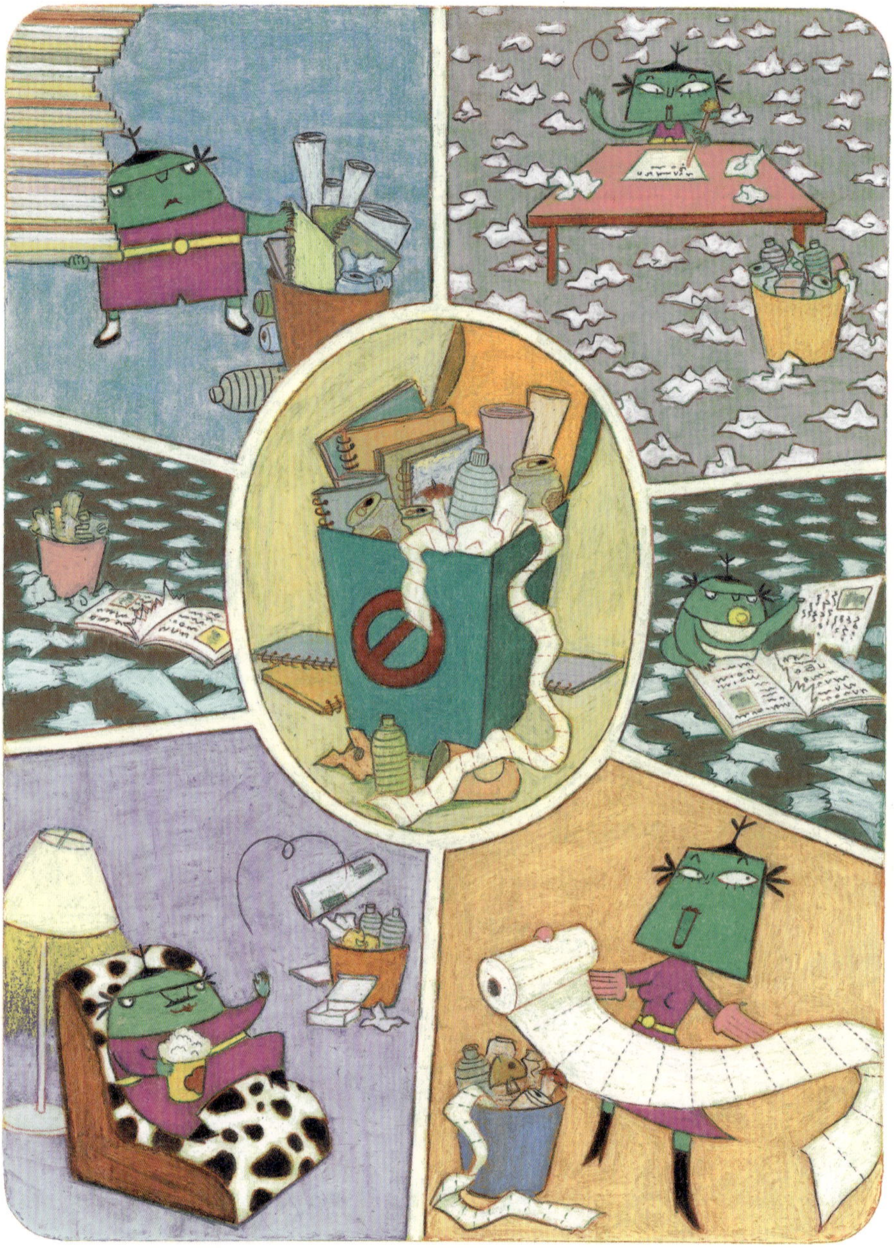

'종이 따로 거두기'는 상상도 못할 귀찮은 일일 뿐!(멸망 56년 전, 우쿠더스)

모두 귓등으로 들은 '따로 거두기'

SE 56년, 우쿠더스 초등학교에서 나온 쓰레기를 조사했는데, 쓰레기 가운데 재활용 할 수 있는 것이 70퍼센트나 되었다고 해요. 다시 쓸 수 있는 귀한 자원인데 그냥 태우거나 땅에 묻는 쓰레기로 만든 거죠. '재활용'을 목숨처럼 중요하게 여기고 사는 지구 사람들한테 말하기조차 부끄러운 사실이에요.

종이가 어떻게 다시 쓰일 수 있는지 아나요? 종이 가운데 헌 신문지는 신문 용지로, 인쇄 종이나 잡지는 상자나 다시 인쇄 종이로, 또 상자는 골판지로, 복사지는 화장지로 다시 태어날 수 있어요. 이런 종이들을 따로 구분하지 않는다면 다시 쓸 수 있는 귀한 자원을 그냥 버리는 셈이에요. 그만큼의 종이를 새로 만들려면 엄청난 나무를 베어야 하고요.

지금부터 종이는 '종이 따로 거두기' 함을 만들어 종류별로 나누어 버려요. 따로 거두기, 귀찮고 어렵다고요? 종이를 잘 구분해서 버리기만 해도 훌륭해요.

종이 1톤을 재활용하면 새로운 원료를 쓰는 것에 견주어 대기 오염은 74퍼센트, 수질 오염은 35퍼센트를 줄일 수 있어요. 30년생 나무는 17그루, 석유는 1,500리터, 물은 28톤을 아낄 수 있고요.

종이 따로 거두기를 잘만 하면 코가 뻥 뚫리고, 물은 더 맛있어지고, 열대림 나무들도 마음 놓고 살 수 있을 거예요.

지구사용법 27 학교

- 교실에 종이 따로 거두기 함이 없으면 담임선생님하고 친구들한테 얘기해서 함께 만들어요.

- 다 쓴 종이는 구기지 말아요. 그대로 펴서 따로 거두기 함에 넣어요.

- 종이 따로 거두기 함 위에 반짝이는 눈을 그려 붙여요. 누군가 지켜보고 있다는 생각에 종이를 함부로 버리지 못할 거예요.

쓰고 버린 종이 1톤을 재활용하면 이산화탄소 1톤을 줄일 수 있어요. 대한민국은 다 쓴 종이 재활용률이 두 번째로 높은 나라인데요, 2007년에는 종이를 재활용해서 983만 톤의 이산화탄소를 줄였대요.⑯

동물원 안에 사는 동물들은 모두 장난감(멸망 370년 전, 우쿠더스 아만다)

누가 순한 둥둥을 화나게 했나

우쿠더스 별에 살던 동물, '둥둥^(반달가슴곰과 닮은 포유류)', '푸푸^(돌고래와 닮은 포유류)', '쑨이^(타조와 닮은 조류)'는 우쿠더스 아만다 시민들이 아주 아끼고 좋아하던 동물이에요. 이 가운데 우쿠더스 동물 전시장에서 가장 인기 있었던 동물은 '둥둥'이었어요. 둥둥들이 사는 우리 앞은 발 디딜 틈 없이 사람들로 꽉 차 있었어요.

둥둥은 우쿠더스에서 가장 인기 있었지만 사실 가장 슬픈 동물이었어요. 우쿠더스 사람들이 늘 괴롭혔거든요. 아이들은 둥둥한테 먹지도 못하는 빵과 과자를 주는가 하면, 뾰족한 나뭇가지로 엉덩이를 찌르는 위험한 장난을 치기도 했어요. 심지어 어떤 둥둥은 비닐을 넙죽 받아먹고 숨막혀 죽을 뻔하기도 했죠. 몇몇 둥둥들은 어찌나 심하게 스트레스를 받았는지 발소리가 들리면 눈을 치켜뜨고 우리 바깥을 가만히 노려보기만 했죠.

지구에는 동물원이라고 해서 동물들을 한곳에 모아 보여 주는 곳이 있어요. 동물원에 사는 동물들은 자기가 태어난 숲이나 바다가 아닌 딱딱한 건물 속에서 하루 종일 갇혀 지내요. 갑갑한 우리 속에서 낯선 사람들의 냄새를 맡고 소리를 들어야 한다는 것은 피곤하고 괴로운 일일 거예요.

동물원의 주인은 내가 아니라 동물이라는 것, 꼭 기억해요.

지구사용법 28　동물원

💡 안내판에 적힌 내용을 잘 지켜야 해요.

📙 동물들한테 아무 것이나 주면 안 돼요. '먹이를 주지 마시오'라고 적힌 곳에서는 먹이를 주면 안 돼요.

📙 동물원은 '동물들의 집'이라는 사실을 잊지 마세요.

📙 집에서 기르는 개를 데리고 가면 안 돼요. 개들은 낯선 곳에 가면 배설물을 흘리거든요. 또 동물들도 개를 보고 흥분할 수 있고요.

"슛, 골인!" 하지만 골대 안으로 들어간 것은 쓰레기였다.(멸망 320년 전, 우쿠더스 아만다)

뽀르치기 겨루기, 쓰레기 잔치였어?

우쿠더스 아만다 시에서는 해마다 '뽀르치기^(우쿠더스에서 이름난 운동 경기로 축구와 아주 비슷해요.) 겨루기가 열렸어요. 이 즈음 우쿠더스 사람들은 볼거리 많고 화려한 응원을 준비했어요. 울긋불긋한 옷을 입고 깃털 모자를 쓰고, 두 손에는 응원 도구를 들고 왔죠. 공기를 빵빵하게 넣은 막대 풍선과 두루마리 휴지, 오색 종이쪽들이 경기장에 흩날렸어요. 이 안에서 사람들은 일회용 도시락을 마구 먹어 댔죠.

하지만 좋은 것은 그때뿐이었어요. 겨루기가 끝난 뒤 뽀르치기 경기장은 가장 지저분한 쓰레기장이 되었어요. 병이나 종이, 플라스틱처럼 따로 모으면 재활용이 되는 것들이 한데 뒤엉켜 아무 데나 버려져 있었어요. 이 경기장을 깨끗이 치우는 데는 무려 한 달이 걸렸고요.

지구에서 월드컵처럼 큰 대회가 열리는 날이면 지구이주대책위원회에서는 바짝 긴장하곤 해요. 눈을 부릅뜨고 텔레비전을 봅니다. 휴지를 슬쩍 버리는 사람이 없나 하고요. 틀림없이 우쿠더스 사람일 테니까요.

지구에서는 응원을 잘하는 것도 중요하지만 뒷마무리를 깨끗이 하는 것이 더 중요해요. 우리 별에서 하던 대로 쓰레기를 함부로 버린다면 우리 정체는 금방 들통나고 말 거예요.

지구사용법 29  경기장

- 헌 옷이나 종이로 나만의 응원 도구를 만들어 보는 건 어떨까요? 물론 여러 번 쓸 수 있어야겠죠?

- 일회용 응원 도구는 되도록 안 쓰도록 해요. 공짜로 나눠 주는 거라도 받지 마세요.

- 일회용품으로 포장된 음식도 사지 마세요.

- 쓰레기는 꼭 쓰레기통에, 재활용품은 꼭 따로 거두기를 해 주세요.

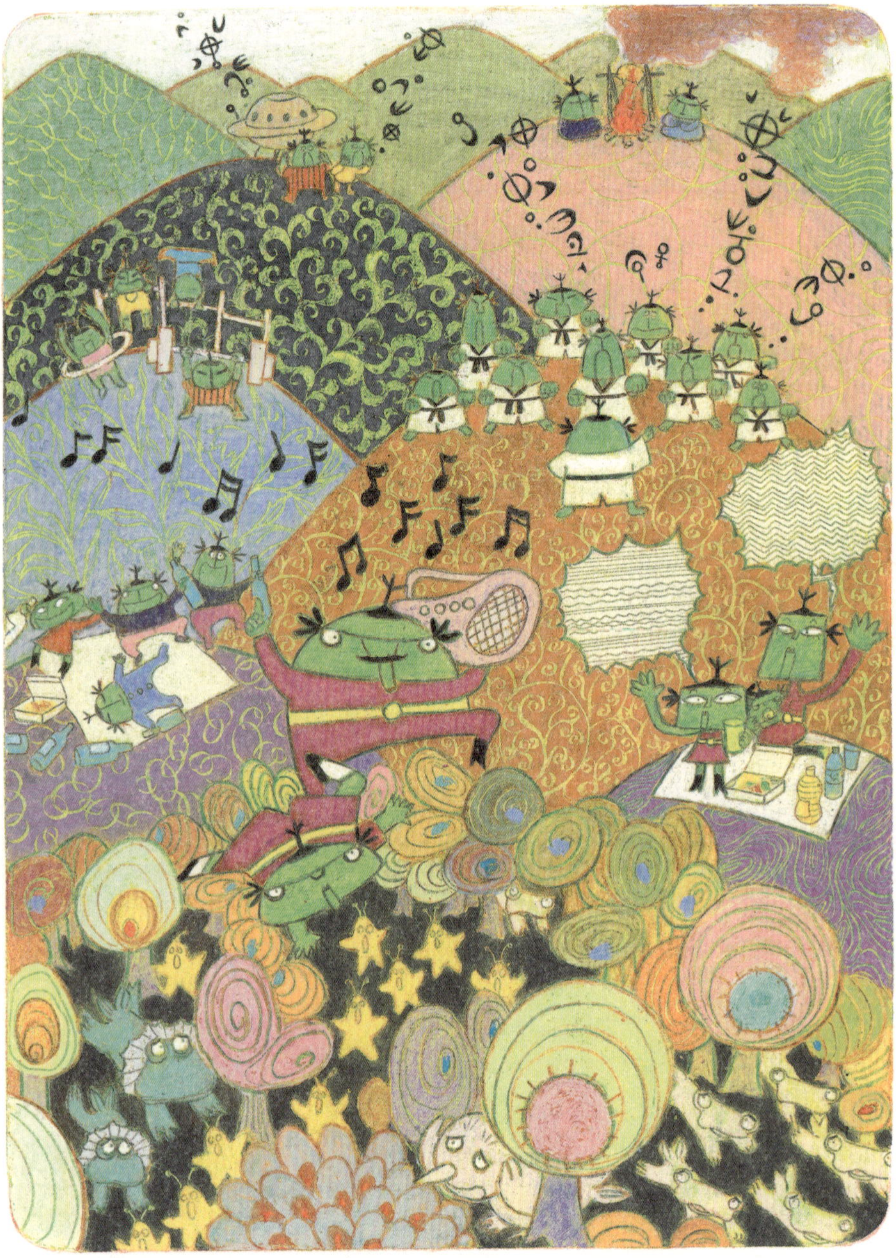

모든 산에서 언제나 사람들 목소리가 쩌렁쩌렁 울렸다.(멸망 200년 전, 우쿠더스 오호라)

"야호!"쯤은 괜찮다고?

다들 한번쯤 산꼭대기에서 목청껏 소리질러 본 적이 있을 거예요. 마치 산 주인인 것만 같군요. 하지만 진짜 산 주인은 지구 사람들도, 우쿠더스 사람들도 아니에요. 바로 산에 살고 있는 식물과 동물들이죠. 주인 허락 안 받고 산에 들어가는 것도 미안한데 고래고래 소리를 질러대다니 이게 될 법한 소립니까?

산에서 큰 소리를 내는 건 야생 동물을 겁주고 벼랑으로 몰고 가는 행동이에요. 산에 사는 야생 동물들은 무척이나 예민한 친구들이지요. 바스락거리는 소리에도 깜짝 놀라 허둥대는데, 고막 터질 것 같은 큰 고함을 들으면 어떻게 될까요?

새: 봄철에는 산새들이 짝짓기를 하고 알을 낳는 중요한 때인데, 시끄러운 소리 때문에 새들은 둥지를 버리고 도망가 버린다고 해요. 그래서 부화에 실패하는 경우가 많다고 해요.

지리산 반달곰: 발신기를 붙여 위치 추적을 하고 있는데, 사람들의 고함소리가 날 때마다 위치가 갑자기 바뀐다고 합니다. 놀라서 급히 달아나는 거죠.

얼마 전 지구이주대책위원회는 대한민국으로부터 경고장을 받았습니다. 우쿠더스 사람들이 산에 오른 뒤로 야생 동물들이 자주 짜증을 낸다고 말이죠. 산은 조용히 갔다가 조용히 오는 거예요. 꼭 기억하세요.

지구사용법 30
자연

- 🟨 산에서 "야호!" 하며 고함치지 마세요.
- 🟨 발자국 외에는 아무것도 남기지 마세요.
- 🟨 나무나 풀을 함부로 꺾지 마세요.
- 🟨 청설모, 다람쥐한테 돌을 던지지 마세요.
- 💡 지정된 등산로로만 다니세요.

2003년 계룡산 국립공원이 조사한 바에 따르면, 등산을 금지한 구역은 보통 8.4종의 야생 동물이 사는 반면, 사람들이 다니는 곳에서는 보통 4.2종만 산다고 해요. 이렇게 야생 동물이 적은 까닭에는 우쿠더스 사람들이 내는 소음이 한몫 했을 거예요.

맛소금과 호미를 피해 도망다니며 살아가는 바다 생물들.(멸망 190년 전, 우쿠더스)

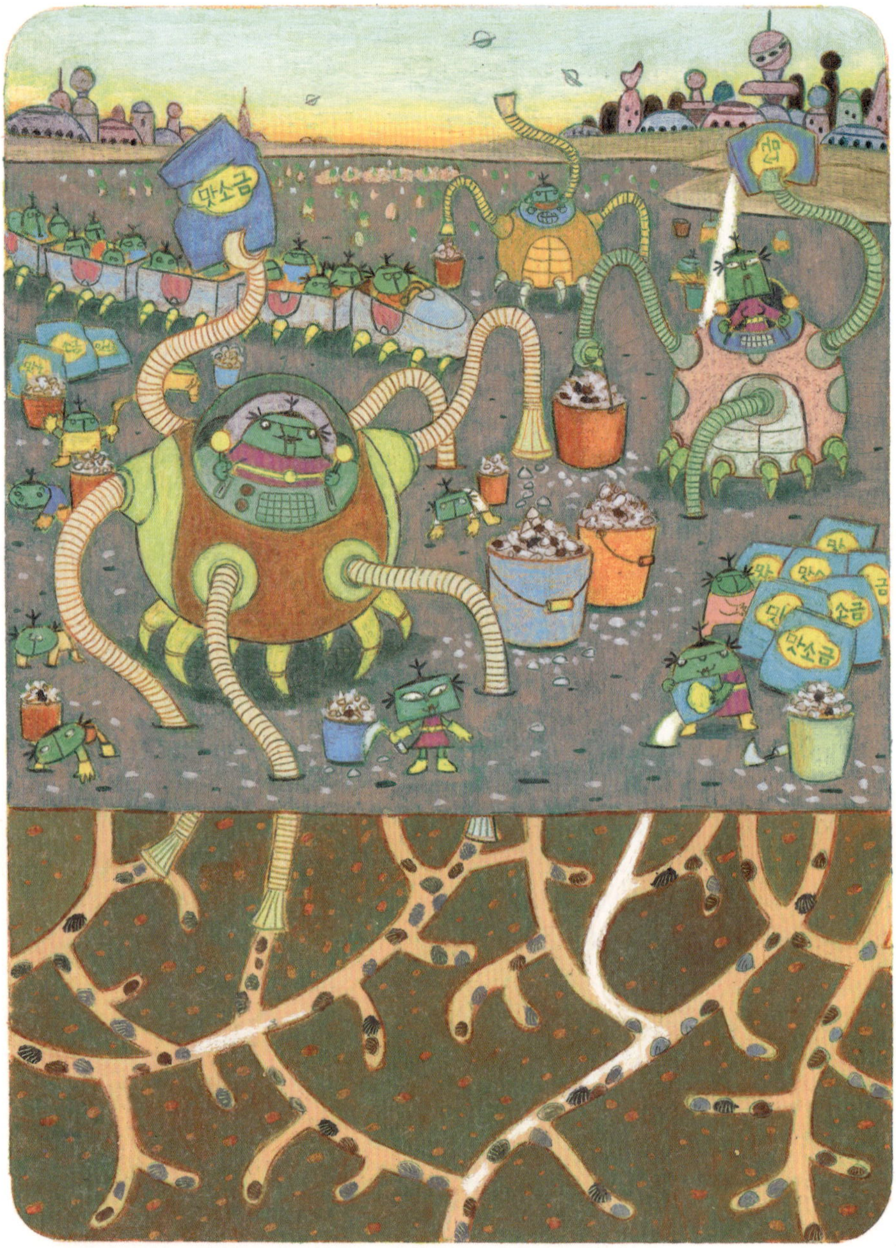

갯벌은 헤집고 맛소금은 뿌려라?

SE 190년, 도시 하나가 떠내려갈 정도로 큰비가 왔어요. 그다음 해에는 태풍이 마을 하나를 휩쓸고 갔어요. 모두 갯벌이 사라져서 생긴 일들이었죠. 우쿠더스 사람들은 갯벌을 너무 하찮게 여겼고, 갯벌에 사는 게와 조개의 경고를 귓등으로 흘려버렸거든요.

갯벌이 가장 무서워하는 것은 맛소금! 맛소금을 갯벌에 부으면 갯벌이 거칠어지고 메말라가요. 그런데도 우쿠더스 사람들은 맛조개를 잡으려고 맛소금을 뿌려댔어요. 또 굴을 캔다며 아무 돌이나 휙휙 뒤집고 호미를 들고 다니며 갯벌을 긁어댔어요. 돌에 붙어 살던 굴과 조개들은 숨죽이고 도망 다니며 살아야 했어요.

지구 사람들은 갯벌을 아주 소중하게 다루고 있어요. 국립공원으로 정해서 보호하고 망가진 갯벌은 다시 살리려고 해요.

갯벌은 수많은 바다 생물들의 고향이에요. 사실 갯벌에 가면 맛조개와 게들을 잡고 싶은 마음이 들기도 해요. 하지만 가장 좋은 것은 갯벌을 그대로 지켜보는 것이겠죠? 겉으로 조용해 보이는 갯벌 속에 수많은 생명들이 꿈틀대고 있다는 것을 생각하면서요.

지구사용법 31
자연

🟨 맛소금은 쓰지 마세요.

🟨 호미로 갯벌 표면을 긁지 마세요.

💡 허가 받은 곳만 들어가세요.

💡 갯벌 둘레에 사는 사람들에게 예의를 지키세요.

💡 갯벌 경치만 즐기세요. 사진을 찍는 건 얼마든지 좋아요.

🦀 갯벌은 여러 바다 생물이 살고 있고 영양분이 풍부한 땅이에요. 또 바다와 육지 사이에 있어 태풍과 홍수를 막아 주는 구실을 해요.

🦀 갯벌 10제곱킬로미터에는 십만 명이 사는 도시에서 나오는 오염 물질을 깨끗이 만들 수 있는 힘이 있대요.[16]

32 동물 보호하기

에너지절약효과 60

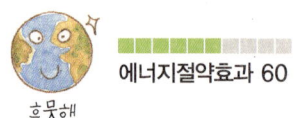

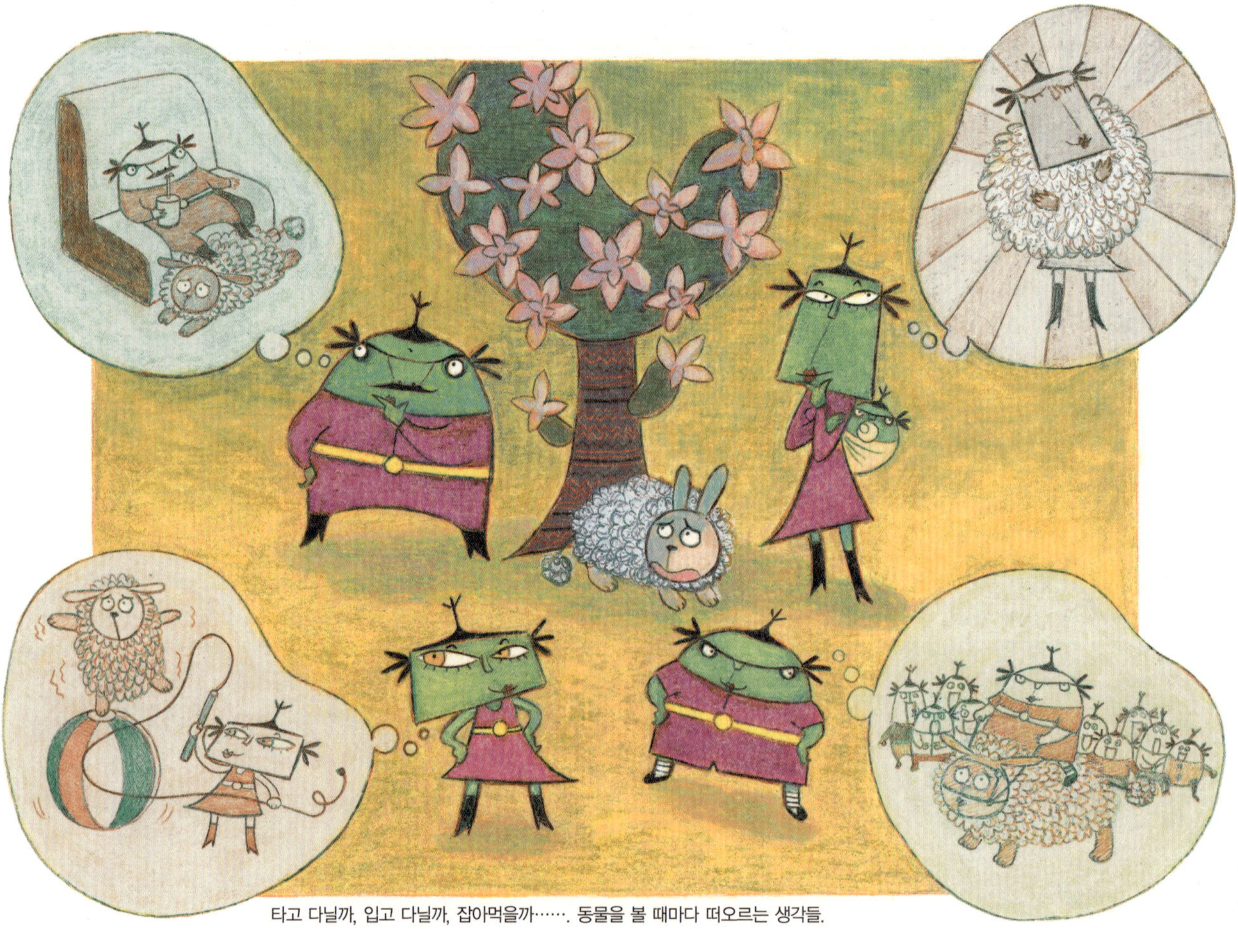

타고 다닐까, 입고 다닐까, 잡아먹을까……. 동물을 볼 때마다 떠오르는 생각들.
(멸망 200년 전, 우쿠더스)

다들 어디 갔지? 코빼기도 안 보여

SE 200년쯤부터 우쿠더스 멸망이 눈앞에 서서히 나타났어요.《우쿠더스에 누가 살고 있을까》^(우쿠더스 으뜸 생물 도감)에 나왔던 동식물 절반이 사라진 거예요.

이 책 첫 장에는 우쿠더스 아만다 시를 상징하는 큰 새, '코키'가 나와요. SE 600년만 해도 코키는 하늘을 수놓을 정도로 아주 많았어요. 무리가 한번 지나갈 때면 사흘 동안 하늘을 볼 수 없었고 땅은 어둑어둑했죠. 하지만 어느 순간부터 코키는 코빼기도 찾아볼 수 없었어요. 단 한 마리도요. 영원히 사라진 거예요.

이렇게 끔찍한 일이 지구에서도 벌어지고 있어요. 우쿠더스 사람들이 많이 살고 있는 대한민국을 살펴보면 수달·고니·매·두루미·맹꽁이·구렁이·쇠똥구리 같은 동물들이 위험에 놓여 있죠. 몇 십 년 전만 해도 쉽게 볼 수 있는 동물들이었는데 말이죠.

모두 다 이기심에 눈 먼 우쿠더스 사람들 때문입니다. 도롱뇽 알이나 새 알, 올챙이 몰래 가져오기, 식물을 뿌리째 캐기, 도토리나 밤 마구 주워 오기 같은 행동도 모두 야생 동식물을 죽이는 일입니다. 그 정도로는 멸종이 안 된다고요? 글쎄요. 한순간에 멸종한 코키도 한때 하늘을 빽빽이 채울 만큼 수가 많았답니다.

지구사용법 32

- 🪣 올챙이나 개구리, 도롱뇽 알 같은 동물들을 갖고 오지 마세요.
- 🪣 식물을 꺾거나 캐는 것도 안 됩니다. 열매도 욕심 내지 마세요.
- 💡 겨울철에 산에 오를 때는 야생 동물의 먹이를 준비해 주세요.
- 💡 새집을 만들어 달아 주는 것은 도움이 됩니다.
- 💡 야생 동식물을 해치는 사람을 보면 바로 신고하세요. 용기를 내세요.

🔥 대한민국에서는 지난 500년 동안 811종이 야생 상태에서 사라졌어요. 대한민국은 멸종 위기 야생 동식물 1·2급에 처한 종이 무려 221종이나 돼요.[11]

🔥 최근 국제자연보호연맹(IUCN)이 발표한 멸종 위기 동물 비율은 전체 포유류의 1/4, 조류의 1/8, 파충류의 1/4, 양서류의 1/5, 어류의 1/3이라고 해요.[12]

아주 좋아!

지구를 사랑한다면 친환경 씨처럼!

친환경 씨 식구와 막쓸레옹 씨 식구들의 하루를 따라가 봐요.

두 집안에서 한 달 동안 내뿜은 이산화탄소 양은 얼마나 달랐을까요?

친환경살이(로하스) 족
지구의 신음소리를 듣고 마음 아파하는 사람들이에요.
지구의 앞날을 생각하며 건강한 지구를 만들려고 애쓰지요.
우리 우쿠더스 사람들도 친환경살이를 하자고요.
지구가 방글방글 웃는 그날까지!

106kg 여름엔 에어컨을 쌩쌩, 겨울 난방은 28도로 팍팍!

10.6kg 아주 더울 때만 선풍기 틀고, 겨울 난방은 20도에 맞춥니다.

0kg 자전거 타고 장에 갑니다.

325.6kg 차 두 대를 몰고 장에 갑니다.

0kg 장바구니를 늘 챙깁니다.

0.4kg 비닐 봉투를 씁니다.

10,972kg 비행기를 타고 유럽 여행을 합니다.

82kg 기차를 타고 국내 여행을 합니다.

74.2kg 안 쓰는 컴퓨터 코드는 늘 뽑아 둡니다.

84.8kg 사무실 형광등은 24시간 켜 둡니다.

0.3kg 쓰던 공책은 무조건 버립니다.

0.2kg 쓰던 공책은 표지를 예쁘게 꾸며 다시 씁니다.

한 달 동안 만든 이산화탄소 양 (www.gihoo.or.kr 참고)

친환경 씨 식구
167kg

막쓸레옹 씨 식구
11,489.1kg
(친환경 씨 식구의 68.8배)

우쿠더스
멸망 역사

이제부터 가슴 아픈 이야기를 하려 합니다.

우리 별 멸망 역사입니다.

슬프고 피하고 싶지만

우쿠더스 사람이라면 누구나 꼭 기억해야 할 역사입니다.

지구는 물론 우주에서 **더 이상 이런 일이 있어서는 안 됩니다.**

1세대 조상들이 목숨을 걸고 찾아온 지구의 소중함을 느끼며,

지구를 지키며 살고 싶다는 마음이 생기길 간절히 바랍니다.

잊고 싶지만 머릿속에 꼭 새겨야 할

우리 별 멸망의 역사, 지금부터 들려주겠습니다.

공장 굴뚝에서 나오는 이산화탄소가 온난화를 부채질하고 있어요.

땀 흘리는 별, 우쿠더스

언젠가부터 우쿠더스가 더워졌어요. 우쿠더스 온난화가 시작됐던 거죠. '온난화' 란 기온이 올라가는 걸 말해요. 또 땅이나 물에 있는 생태계가 바뀌거나 바닷물 표면 높이가 높아지는 것처럼 기온이 올라가면서 생기는 문제를 가리키기도 하지요.

- 이산화탄소 증가.
- 빙하 녹음.

SE 3337년
우쿠더스 별 탄생

SE 1000년
우쿠리 족 탄생

SE 900년
우쿠리 족, 우쿠더스
사람으로 진화

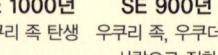

SE 880년
'우주에서 가장
아름다운 별' 에 뽑힘

SE 500년
우쿠더스
산업혁명

SE 450년
온난화,
오존층 파괴

이산화탄소, 왜 이리 많아졌지?

우쿠더스는 멸망하기 500년 전쯤부터 과학 기술이 갑자기 발전했어요. 이를 우쿠더스에서는 '산업혁명'이라고 일컬어요. 이때는 인구도 빠르게 늘어났어요. 사람들이 도시로 몰려들고 자동차와 공장이 많아지면서 우쿠더스 대기는 나빠졌어요.

우쿠더스 대기는 지구의 대기와 거의 비슷해요. 질소, 산소가 가장 많고 아르곤, 이산화탄소가 그 뒤를 잇지요. 가장 큰 변화는 이산화탄소 양이 갑자기 많아졌다는 거예요.

동물이 숨을 쉬거나 물질이 탈 때 나오는 이산화탄소는 '온실 효과'를 일으켜요. '온실 효과'란 우쿠더스에서 우주로 빠져나가는 열을 흡수해서 땅거죽을 '온실'처럼 따듯하게 데운다는 뜻이에요. 온실 효과를 일으키는 기체를 '온실 기체'라고 하는데, 이산화탄소를 대표로 들 수 있어요.

그렇다면 이산화탄소는 나쁜 기체일까요? 동물이 숨을 쉴 때, 물질이 탈 때 생기니까 더러운 걸까요? 천만에요! 이산화탄소는 아주 소중한 물질이에요. 이산화탄소가 있어야 우리가 먹는 영양소인 탄수화물, 지방, 단백질을 만들 수 있거든요.

온실 효과는 우쿠더스 별에서 꼭 필요해요. 온실 효과가 없다면 해가 지고 난 다음 우쿠더스 땅덩이는 꽁꽁 얼어버릴 테니까요. 문제는 본래 이산화탄소는 우쿠더스 대기 중에 0.03퍼센트쯤 들어 있었는데 그 양이 빠르게 늘어나면서 우쿠더스 땅덩이 기온이 훌쩍 올라가 버린 것이었어요.

SE 400년
대기 오염,
산성비

SE 300년
열대림 감소,
사막화

SE 200년
생물 종
다양성 감소

SE 100년
물 부족,
물 오염

SE 50년
쓰레기 오염,
거미족 탄생

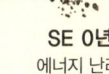

SE 0년
에너지 난리,
우쿠더스 멸망

겨울철에 같은 곳에서 찍은 사진이에요. 땅 위를 덮었던 얼음(사진 위)이
지구 시간으로 76년 뒤에 모두 녹았어요.(사진 아래)

빙하에 이어 섬까지 바닷속으로!

처음에 사람들은 온난화 현상이 일어나고 있는 줄도 몰랐죠. 그러
는 사이 극지방 빙하가 녹았어요. 우쿠더스는 지구처럼 동서로 약간
길쭉하고 자전축이 동쪽으로 23.5도 기울어져 있는 별이에요. 북쪽 끝
과 남쪽 끝은 가장 추운 곳이지요. 북극과 남극에는 높이가 수천 킬
로미터나 되는 빙하가 빽빽하게 깔려 있었는데 이 빙하가 녹았던 거예
요. 멸망하기 직전에는 한반도만 한 빙하가 한꺼번에 떨어져 나가 몇
시간 사이에 다 녹아버린 적도 있어요.

빙하가 녹은 물은 바다로 마구 밀려 들어왔어요. 바닷물 표면은 멸
망하기 100년 전부터 조금씩 높아졌는데 시간이 갈수록 그 높아지는

SE 3337년
우쿠더스 별 탄생

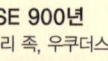
SE 1000년
우쿠리 족 탄생

SE 900년
우쿠리 족, 우쿠더스
사람으로 진화

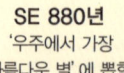
SE 880년
'우주에서 가장
아름다운 별'에 뽑힘

SE 500년
우쿠더스
산업혁명

SE 450년
온난화,
오존층 파괴

속도가 점차 빨라졌어요. 처음에는 일 년에 0.2밀리미터 정도 높아졌던 바닷물 표면이 10년 뒤에는 5밀리미터, 다시 10년 뒤에는 20밀리미터가 더 높아지더니, 어느 날 엄청난 파도와 함께 수십 개의 섬나라들을 '꼴까닥' 삼켜 버렸습니다.

하늘에 구멍이 뻥! 뚫렸어요

우쿠더스 바다가 사람들을 삼킬 때, 우쿠더스 하늘에는 구멍이 뻥 뚫렸습니다. 대기가 오염되면서 오존층도 얇아진 것이지요.

산소는 높은 곳을 올라가면 '오존' 상태가 됩니다. 오존층은 '헬리오(우쿠더스 행성계의 중심별로 태양계의 '태양' 같은 별)'의 자외선으로부터 우쿠더스를 감싸서 보호하는데, 이 오존층이 얇아지거나 군데군데 구멍이 뚫리면서 그 사이로 자외선이 새어 들어오게 됐어요. 자외선은 세균과 곰팡이를 죽이는 좋은 역할도 하지만, 너무 많으면 좋지 않아요. 엽록체를 파괴하고 동물에게 피부병이 생기게 하지요.

안타깝게도 우쿠더스 사람들은 자신들이 매일 오존층을 갉아 먹고 있다는 걸 몰랐어요. 공장이나 자동차가 쏟아 내는 매연, 에어컨을 돌릴 때 쓰는 프레온 가스나 헤어스프레이가 오존층을 파괴하는 물질이었거든요. 게다가 온난화 때문에 기온이 올라가자 에어컨도 팡팡 틀어 대고, 필요 이상 전기를 쓰면서 이산화탄소가 펑펑 나오게 되었지요. 이러니 우쿠더스 오존층에 구멍이 숭숭 뚫려 버리는 건 시간 문제였죠.

SE 400년
대기 오염,
산성비

SE 300년
열대림 감소,
사막화

SE 200년
생물 종
다양성 감소

SE 100년
물 부족,
물 오염

SE 50년
쓰레기 오염,
거미족 탄생

SE 0년
에너지 난리,
우쿠더스 멸망

자동차 배기가스에서 나오는 물질들은 대기를 심하게 오염시켰어요.

숨 쉬기가 무서워

불길한 일이 꼬리에 꼬리를 물고 일어났어요. 우쿠더스 공기는 자꾸만 나빠졌어요. 사람들은 어깨에 산소통을 메고 다녀야 했어요. 하지만 산소통이 모든 것을 해결해 주지는 못했어요. 공기가 오염된 건 우쿠더스 사람들이 석유와 석탄을 거침없이 썼기 때문이었어요. 우쿠더스가 대대로 자랑하던 위인들의 동상과 빛나던 유적들은 하나둘 녹아내렸어요. 산성비가 내렸던 거예요.

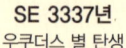

SE 3337년
우쿠더스 별 탄생

SE 1000년
우쿠리 족 탄생

SE 900년
우쿠리 족, 우쿠더스
사람으로 진화

SE 880년
'우주에서 가장
아름다운 별'에 뽑힘

SE 500년
우쿠더스
산업혁명

SE 450년
온난화,
오존층 파괴

목숨을 앗아가는 무서운 공기의 정체

SE 500년 산업혁명을 계기로 차곡차곡 진화하던 과학과 기술은 불꽃처럼 터져 나오며 발전하기 시작했어요. 짐승을 쓰던 탈것은 증기 기관차와 자동차로 바뀌었고 곳곳에 공장이 생겨났지요.

하지만 그로부터 수십 년이 지난 뒤, 무시무시한 사건이 일어났어요. 우쿠더스 사람 수천이 몇 달 사이에 목숨을 잃었던 거예요.

원인은 화석 연료를 펑펑 썼기 때문이었어요. 화석 연료는 땅 속에 묻힌 동식물 시체가 화석이 된 것을 땔감으로 만든 것으로써, 석탄과 석유, 천연가스 들이 여기에 속해요.

산업혁명이 일어난 다음, 우쿠더스 사람들은 앞다투어 석탄과 석유, 천연가스를 마구 뽑아다 썼어요. 바로 여기에 문제가 있었어요.

화석 연료를 태우면 이산화탄소처럼 온난화를 일으키는 기체를 비롯하여 이산화황 같이 생명을 위협하는 기체들이 나와요. 이 기체들은 대개 우쿠더스 곳곳으로 흩어지는데, 어떤 곳에서는 흩어지지 않고 한곳에 차곡차곡 쌓였지 뭐예요. 그곳에 살던 사람들은 오염된 공기 속에서 살다가 병들거나 목숨을 잃었어요. 이런 어처구니 없는 사

겨울이 돌아올 때마다 에너지 쓰는 양은 점점 늘어났어요. 도시 사람들이 난방을 틀면 발전소는 쉬지 않고 돌아갔어요.

• 스모그 나타남.
• 산성비 내림.

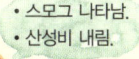

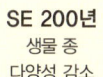

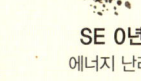

SE 400년
대기 오염,
산성비

SE 300년
열대림 감소,
사막화

SE 200년
생물 종
다양성 감소

SE 100년
물 부족,
물 오염

SE 50년
쓰레기 오염,
거미족 탄생

SE 0년
에너지 난리,
우쿠더스 멸망

건은 한동안 계속 일어났어요. 3주 동안 우쿠더스 사람 사천 명이 죽고 그 뒤 두 달 동안 팔천 명이나 더 목숨을 잃는 사건이 일어난 적도 있지요.

비, 비가 온다고? 으악!

문제는 거기서 끝나지 않았어요. 그 위험한 기체가 하늘 높이 올라가 빗방울과 만나 황산이나 질산, 탄산처럼 '산성'을 띠게 되었다는 점이에요. 황산과 질산은 금속도 녹일 만큼 성질이 강해서 '강산'이라고 하지요. 그런 산 가운데 하나인 탄산은 우쿠더스 사람들이 좋아하는 탄산 음료 속에 들어 있는 약한 산이지만 오랫동안 많이 먹을 경우 이를 녹일 수도 있어요.

우쿠더스 사람들은 처음에 산성비를 안 두려워했어요. 산성비 위력이 대단하지 않았거든요.

그런데 비가 올 때마다 빗물을 흠뻑 머금는 땅이 산성화되었고 독성 물질이 많아졌어요. 햇빛도 잘 받고 비료도 듬뿍 주는데도 농작물은 허옇게 변하거나 새카맣게 되어 죽는 일이 일어났어요. 물속에 사는 물고기와 식물들도 못살겠다고 아우성쳤죠. 금속이나 대리석으로 만든 동상과 조각품들도 흐물흐물 흘러

대기 오염과 산성비로 석탑에 틈이 생기고 갈라졌어요.

SE 3337년
우쿠더스 별 탄생

SE 1000년
우쿠리 족 탄생

SE 900년
우쿠리 족, 우쿠더스
사람으로 진화

SE 880년
'우주에서 가장
아름다운 별'에 뽑힘

SE 500년
우쿠더스
산업혁명

SE 450년
온난화,
오존층 파괴

내렸어요.

　상황은 점점 더 나빠졌어요. 급기야 우쿠더스가 멸망하기 50년 전부터는 비가 올 때 아무도 집밖으로 나가지 못했어요. 비구름이 밀려오면 기상청에서는 '삐오삐오' 요란한 사이렌 소리를 울리며 산성비 주의보를 내렸습니다.

　우쿠더스 어르신들은 비가 오는 날이면 혀를 끌끌 찼습니다. 그리고는 빗물을 받아 목욕을 하던 일, 우비를 입고 뛰어나가 놀던 어린 시절, 비를 맞으며 냇가에서 물고기를 잡던 추억을 생각하면서 눈시울을 적시곤 했지요. 비를 무서워하며 방안에서 웅크리고 있는 손자들을 안타깝게 바라보며 말이죠.

SE 400년
대기 오염,
산성비

SE 300년
열대림 감소,
사막화

SE 200년
생물 종
다양성 감소

SE 100년
물 부족,
물 오염

SE 50년
쓰레기 오염,
거미족 탄생

SE 0년
에너지 난리,
우쿠더스 멸망

땅을 개발하려고 나무 천여 그루를 잘라 냈어요.
이곳에 집을 짓고 살던 새들도 수백여 마리가 죽었어요.

SE 300년 열대림 감소·사막화

쓰러지는 나무, 말라가는 숲

우주에서 바라본 우쿠더스는 풀빛이 어우러지는 아름다운 별이었어요. 넓은 바다와 초록 식물로 둘러싸인 별이었으니까요. 우쿠더스의 허리인 적도 지방은 기온이 높고 비도 많이 내려서 식물이 자라기 아주 좋았어요. 이 열대림을 우쿠더스 사람들은 '칸프라'('산소 탱크'라는 뜻)라고 했습니다. 바로 이곳에서 우쿠더스에 살고 있는 모든 생물들이 숨 쉬는 데 필요한 산소의 대부분을 만들어 냈으니까요.

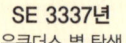

SE 3337년
우쿠더스 별 탄생

SE 1000년
우쿠리 족 탄생

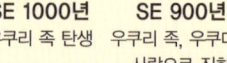
SE 900년
우쿠리 족, 우쿠더스
사람으로 진화

SE 880년
'우주에서 가장
아름다운 별'에 뽑힘

SE 500년
우쿠더스
산업혁명

SE 450년
온난화,
오존층 파괴

크고 싱싱한 숲이 사라졌어요

우쿠더스 사람들은 그토록 크고 무성한 열대림이 언제까지 있을 거라고 생각했어요. 하루가 다르게 쑥쑥 자라는 나무들, 소나기가 한차례 퍼붓고 나면 한나절만에 무릎까지 솟아나는 무수한 풀들. 그 엄청난 생명력을 가진 크고 싱싱한 숲이 사라지리라고는 꿈에도 생각하지 못했지요.

그러나 사람들이 몰려들면서 우쿠더스 열대림은 망가졌습니다. 열대림을 망가뜨리는 데 앞장선 이들은 공업이 일찍이 발달한 나라, 이른바 강대국이었습니다. 그 사람들은 좋은 나무를 찾느라 눈이 벌게졌어요. 으리으리한 건물과 멋진 가구를 만들려고 아름드리 나무를 뭉텅뭉텅 베어 갔어요. 어른 여러 명이 손을 잡고도 겨우 둘러쌀만 한 큰 아름드리 나무들은 날마다 수천 그루씩 쓰러졌어요. 그다음에 기차 여러 칸을 이어붙인 것만큼 큰 트럭들이 수백 대 몰려 와서 잘려나간 나무들을 싣고 나갔지요.

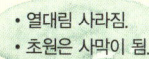

얼마 지난 뒤에는 우쿠더스의 열대림 둘레에 살던 주민들도 열대림을 망가뜨렸어요. 집 지을 땅과 농사 지을 땅이 부족해지자, 주민들은 나무를 베거나 불태운 뒤 그 자리에 집을 지었어요. 짐승을 놓아 기르는 땅, 방목지를 만들려고 열대림을 망가뜨리는 우쿠더스 사람들도 많았고요.

본래 우쿠더스 열대림은 기다란 막대기로 수풀을 헤치며 걸어야 할 정도로 울창했어요. 그러나 해마다 한반도 땅덩이

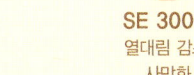
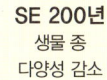
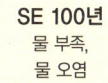

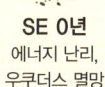

- 열대림 사라짐.
- 초원은 사막이 됨.

SE 400년
대기 오염,
산성비

SE 300년
열대림 감소,
사막화

SE 200년
생물 종
다양성 감소

SE 100년
물 부족,
물 오염

SE 50년
쓰레기 오염,
거미족 탄생

SE 0년
에너지 난리,
우쿠더스 멸망

만큼 사라지더니 100년 만에 듬성듬성 헐벗은 땅이 되고 말았어요. 급기야 우쿠더스가 멸망할 무렵에는 거의 다 사라졌습니다. 우쿠더스의 산소 탱크가 완전히 문을 닫고 말았던 것이죠.

동물이 뛰놀던 초원은 사막으로

온갖 숨 쉬는 것들로 가득했던 열대림이 사라질 때, 생명이 살 수 없는 땅은 늘어만 갔어요. 우쿠더스 북반구에는 '코사쿠프라^(바람과 풀의 낙원이라는 뜻)'라는 곳이 있어요. 비가 잘 오지 않고 건조해 나무가 거의 자라지 않았지만 풀은 꽤 무성한 곳이었죠.

온갖 동식물을 품고 있는 울창한 열대림과 강의 모습이에요.

우쿠더스 학자들은 이 곳을 '초원'이라고 했어요. 초원에 사는 우쿠더스 사람들은 집짐승을 길렀어요. 비가 잘 오지 않아 농사를 지을 수가 없었거든요. 그 사람들이 기른 집짐승은 '알타마', '비투라', '세크투'예요. 풀을 뜯어 먹고 사는 동물로 털이 많고 고기 맛이 좋기로 이름이 높아요.

이곳 사람들은 한곳에 머물러 살지 않았어요. 짐승들이 둘레 풀을 다 뜯어 먹으면 짐을 싸서 이사를 하고, 적당한 곳에서 잠시 머물러 살다가 짐승들이 그 풀을 다 뜯어 먹으면 다시 자리를 옮겼어요. 그렇게 땅을 쉬게 해 주면 풀이 다시 솟아났답니다.

SE 3337년
우쿠더스 별 탄생

SE 1000년
우쿠리 족 탄생

SE 900년
우쿠리 족, 우쿠더스
사람으로 진화

SE 880년
'우주에서 가장
아름다운 별'에 뽑힘

SE 500년
우쿠더스
산업혁명

SE 450년
온난화,
오존층 파괴

풍성하지도 요란하지도 않았지만 바람과 풀의 낙원은 아름답고 살 만한 곳이었습니다. 느릿느릿 살아간다면 말이죠. 그런데 이곳 둘레에 공장과 도시가 들어서면서 초원도 망가지기 시작했어요. 초원에서 아주 멀리 떨어진 곳, 나무가 썩 잘 자라던 곳은 오염되고 건조해지면서 나무가 자라지 않는 땅, 사막이 되었어요.

그렇다면 초원은 어떻게 되었을까요? 이곳 역시 사막으로 바뀌어 버렸어요. 사막이 늘어나면서 많은 우쿠더스 사람들이 삶의 터전을 잃어버렸어요. 사막화가 진행되고 100년, 우쿠더스 초원의 80퍼센트는 아무것도 살지 않는 땅, 사막이 되고 말았어요.

넓은 초원 한가운데 자리 잡은 모래사막에 가뭄이 이어졌어요.

SE 400년
대기 오염,
산성비

SE 300년
열대림 감소,
사막화

 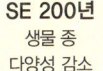

SE 200년
생물 종
다양성 감소

SE 100년
물 부족,
물 오염

SE 50년
쓰레기 오염,
거미족 탄생

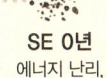

SE 0년
에너지 난리,
우쿠더스 멸망

사람들의 이기심으로 많은 생명들이 살 곳을 빼앗기고 힘겹게 살아가야 했어요.

살아남은 종의 슬픔

다시 우쿠더스 열대림 이야기로 돌아가 보죠. 열대림은 '산소 탱크'이면서 동시에 생명의 보물 창고이기도 하거든요. 여러분은 혹시 알고 있나요? 열대림에 뿌리를 박고 사는 나무 한 그루에는 학자들이 발견한 생물이 수십 종, 미처 알아내지 못한 생물이 수백 종 살고 있다는 걸 말이에요.

SE 3337년
우쿠더스 별 탄생

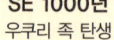
SE 1000년
우쿠리 족 탄생

SE 900년
우쿠리 족, 우쿠더스
사람으로 진화

SE 880년
'우주에서 가장
아름다운 별'에 뽑힘

SE 500년
우쿠더스
산업혁명

SE 450년
온난화,
오존층 파괴

보금자리를 잃은 동물들이 사라졌어요

　우쿠더스 동물도 지구에 사는 동물과 같아요. 식물 없이는 살 수 없어요. 식물이 햇빛을 받아 영양분을 만들어 놓으면, 초식 동물이 그것을 먹고, 다시 육식 동물이 초식 동물을 잡아먹지요. 그래서 여러 가지 식물이 사는 곳에는 다양한 동물이 살지요.

　우쿠더스 열대림을 가득 메웠던 나무들이 속속 베어져 나가면서 셀 수 없이 많은 동물들이 보금자리를 잃었어요. 나뭇가지에 둥지를 틀었던 샤크로^(새, 조류), 나무뿌리를 보금자리 삼았던 크샤루^(포유류), 수많은 오잉거^(곤충류) 들이 순식간에 살 곳을 빼앗겼지요.

　사실 이런 일은 열대림뿐 아니라 우쿠더스 곳곳에서 일어났습니다. 강을 막아 댐을 만들면 강과 그 강을 터전으로 살던 동식물이 피해를 입었고 공장을 세우면 공장에서 나오는 매연과 더러운 물, 시끄러운 소리에 여린 동물들이 죽어갔습니다.

　우리 우쿠더스 사람들이 일부러 그런 잘못을 저질렀던 것은 아닙니다. 작은 몸짓 하나하나가 여러 생물들의 목숨을 위태롭게 한다는 사실을 몰랐던 거죠. '나무 한 그루 벤다고 희귀 오잉거^(곤충)가 사라질까?', '내가 잡았던 그 파티아^(포유류로 지구의 늑대와 비슷함)는 아직 많을 거야.' 하고 다들 생각했죠.

　우쿠더스 사람들의 꿈이었던 우주 개발을 이루면서 사라진 동물도 있습니다. 곤충 '잉가'를 잡아먹던 '차타카타흐' 예요. 잉가와 차타카타흐는 우쿠더스 우주 기지 둘레에 살던 동물입니다. 잉가한테 물리면 몹시 가렵고 운이 나쁘면 전염병에 걸리기도

- 식물 사라짐.
- 동물, 멸종 위기에 놓임.

SE 400년
대기 오염,
산성비

SE 300년
열대림 감소,
사막화

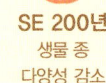

SE 200년
생물 종
다양성 감소

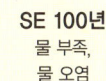

SE 100년
물 부족,
물 오염

SE 50년
쓰레기 오염,
거미족 탄생

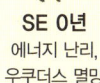

SE 0년
에너지 난리,
우쿠더스 멸망

했어요. 우쿠더스 사람들은 잉가를 모조리 잡아 없애려고 우주 기지를
지나는 강 물줄기를 바꾸어 버렸어요. 이 일이 그만 차타카타흐가 사
는 곳을 망가뜨린 것이지요.

멸종을 부른 이기심과 욕심

　사실 동식물이 사라지는 것은 늘 일어나는 일입니다. 화석을 보면
생명의 역사가 흐르는 동안 여러 종들이 나타났다 사라졌다는 것을 여
러 번 볼 수 있어요. 종의 멸종은 둘레 환경이 바뀔 때 주로 일어납니
다. 기후가 갑자기 바뀌거나 주된 먹잇감이 사라지거나 전염병이 도는
것 같은 환경 변화 말이에요.

자연이 망가지면서 동물들은 그 수가 줄어들거나
멸종 위기에 놓였어요.

SE 3337년
우쿠더스 별 탄생

SE 1000년
우쿠리 족 탄생

SE 900년
우쿠리 족, 우쿠더스
사람으로 진화

SE 880년
'우주에서 가장
아름다운 별'에 뽑힘

SE 500년
우쿠더스
산업혁명

SE 450년
온난화,
오존층 파괴

멸종은 대개 아주 긴 시간 동안 매우 천천히 진행돼요. 그러나 우쿠더스 멸망기에는 생물이 사라지는 속도가 매우 빨랐어요. 왜일까요?

산업혁명이 일어나기 전만 해도 우쿠더스 사람들은 모든 자원과 물자를 아껴 썼어요. 나무 한 그루를 베든, 동물을 한 마리 사냥하든 버리는 부분 없이 알뜰하게 썼지요. 그러나 산업혁명 뒤 사람들의 삶은 크게 달라졌어요. 펑펑 쓰고 마구 버렸고 다른 동식물들과 나누어 쓰던 자연을 몽땅 가져다 썼어요.

결국 멸망 3년을 남겨 두고 우쿠더스 별에는 사람을 빼고는 거의 모든 동식물들이 사라졌어요. SE 0년, 지구로 떠나는 우주선에는 마지막까지 살아남은 하나뿐인 생물이 타고 있었는데, 그것은 우쿠더스 사람들이었어요.

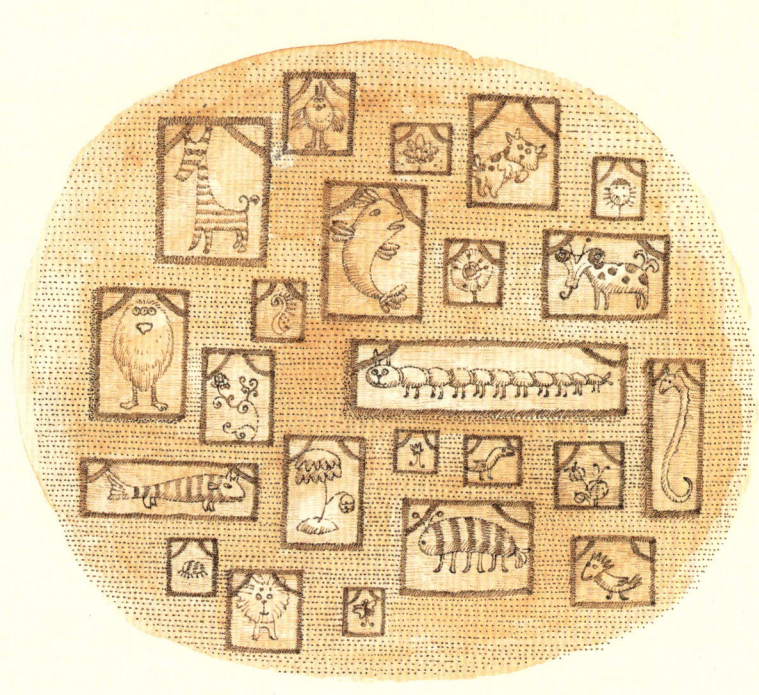

SE 400년
대기 오염,
산성비

SE 300년
열대림 감소,
사막화

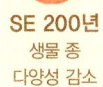
SE 200년
생물 종
다양성 감소

SE 100년
물 부족,
물 오염

SE 50년
쓰레기 오염,
거미족 탄생

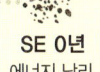
SE 0년
에너지 난리,
우쿠더스 멸망

파도에 실려 온 기름이 층을 이루고 있어요. 유조선과 선박이
부딪혀 원유가 바다로 흘러들었기 때문이에요.

몸살 앓는 물

우쿠더스 별에 나타난 첫 생명체는 물에서 태어났어요. 우쿠더스와 쌍둥이 별인 지구도 그렇다지요? 우쿠더스 별은 70퍼센트가 물입니다. 뿐만 아니라 우쿠더스 사람들의 몸도 70퍼센트가 물로 되어 있습니다. 물이 오염되면 더 이상 살 수 없는 별이 되고 맙니다. 안타깝게도 우쿠더스 사람들은 그토록 소중한 물을 지켜 내지 못했습니다.

SE 3337년
우쿠더스 별 탄생

SE 1000년
우쿠리 족 탄생

SE 900년
우쿠리 족, 우쿠더스
사람으로 진화

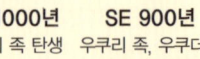
SE 880년
'우주에서 가장
아름다운 별'에 뽑힘

SE 500년
우쿠더스
산업혁명

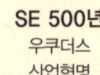
SE 450년
온난화,
오존층 파괴

강도 바다도 몸살을 앓았어요

사실 우쿠더스 별이 안타까운 종말을 맞이한 과정을 살펴보면 그 원인에서부터 결과까지 모두 하나로 이어져 있습니다. 산업혁명이 일어나면서 인구가 급격하게 늘어났고, 공장에서는 석탄을 땔감으로 마구 쓰기 시작했습니다.

이 과정에서 공기가 오염되고 온난화 현상이 나타났지요. 사람들은 공장과 농경지를 만들기 위해 숲과 초원을 망가뜨렸고, 땅은 메말라가고 동식물은 우쿠더스 별에서 점점 사라졌어요. 하늘과 땅, 숲이 모두 오염되었는데, 그렇다면 물은 어땠을까요?

물에서는 두 가지 큰 문제가 생겼어요. 더러워지고 부족해졌어요. 많은 사람들이 도시로 모여들면서 오염된 물이 강으로 흘러 들어갔어요. 어디 그뿐인가요? 공장에서 쓰고 난 오염된 물도 강을 더럽혔어요. 본래 물은 스스로 깨끗하게 하는 힘이 있어요. 그런데 짧은 시간 안에 너무 많이 오염되면 물은 미처 깨끗해지기 전에 썩고 말아요.

강이 오염되니 바다도 더러워졌어요. 강물이 흘러서 바다로 가니까요. 바다는 바다대로 몸살을 앓았어요. 석유를 가득 실은 유조선은 우쿠더스 바다를 언제나 위협하고 있죠. 유조선에 사고가 나거나 구멍이 생기면 시커먼 원유가 울컥울컥 그대로 바다로 들어갑니다. 정말 끔찍하죠?

• 악수 원유 유출 사고.
• 바다 생물들 모조리 죽음.

 SE 400년
대기 오염,
산성비

 SE 300년
열대림 감소,
사막화

 SE 200년
생물 종
다양성 감소

 SE 100년
물 부족,
물 오염

SE 50년
쓰레기 오염,
거미족 탄생

 SE 0년
에너지 난리,
우쿠더스 멸망

엄청난 기름이 바다로 흘러들었어요

그런데 멸망 150년 전 무렵부터 커다란 유조선에서 원유가 새는 사고가 이어졌어요. 가장 이름난 사건은 '악수스 원유 유출 사고' 입니다. 악수스는 우쿠더스에서 손꼽혔던 아주 큰 회사인데 이 사고로 문을 닫게 되었지요.

사건은 이렇습니다. 멸망 100년 전 악수스 유조선이 파트만 대양_(우쿠더스에서 가장 큰 바다)에서 기계 고장이 나면서 원유 3만 톤이 바다로 새어 나갔습니다. 이 사고로 수백 킬로미터에 달하는 바다가 오염되었지요. 바다 근처에 숨 쉬며 놀던 새들은 시커먼 원유를 뒤집어 쓴 채 발버둥치며 죽어 가고, 조개들은 떼죽음을 당했어요. 바다와 해안 생태계가 원래대로 돌아가려면 짧게는 십 년, 길게는 백 년쯤 걸려야 했습니다.

바닷가에 살던 생물들은 기름 범벅이 되어 죽음을 맞이했어요.

SE 3337년
우쿠더스 별 탄생

SE 1000년
우쿠리 족 탄생

SE 900년
우쿠리 족, 우쿠더스
사람으로 진화

SE 880년
'우주에서 가장
아름다운 별' 에 뽑힘

SE 500년
우쿠더스
산업혁명

SE 450년
온난화,
오존층 파괴

문제는 여기서 그치지 않았어요. 물 부족도 심해졌어요. 물이 부족한 까닭은 오염된 물이 많아서일 수도 있지만, 그보다 한 사람 한 사람 쓰는 물이 많아졌기 때문이에요.

우쿠더스 어떤 곳에서는 가뭄이 심해지고 오래 이어졌어요. 더구나 열대림이 사라진 곳, 사막화 현상이 나타난 곳의 가뭄이 몹시 심했습니다. 식물 뿌리가 움켜쥐고 있던 물, 식물의 잎사귀가 내뿜어 주던 물이 사라지면서 식물이 사라진 곳에서는 물이 사라졌습니다. 우쿠더스 사람들은 에크 별에서 물을 사다 마실 지경에 이르렀어요.

 SE 400년
대기 오염,
산성비

 SE 300년
열대림 감소,
사막화

 SE 200년
생물 종
다양성 감소

 SE 100년
물 부족,
물 오염

 SE 50년
쓰레기 오염,
거미족 탄생

   SE 0년
에너지 난리,
우쿠더스 멸망

버려진 일회용품들이 바다에서 한데 뭉쳐 떠다니면서 섬을 이루었어요.

쓰레기가 만든 대륙

멸망 50년 전 우쿠더스 별은 한바탕 난리가 났습니다. 우쿠더스 인공위성에 새로운 땅덩이가 나타났거든요. 그 자리는 우쿠더스 별에서 가장 큰 바다인 '파트만 대양' 한복판이었죠. 내로라 하는 과학자들이 섬으로 우르르 달려가 새로운 땅을 조사했습니다. '불쿠와^(화산) 활동으로 생겨난 걸까? 대륙 크기에 걸맞는 지질 활동은 없었는데…….' 우쿠더스 과학자들은 궁금했습니다. 새로운 땅덩이의 정체는 무엇이었을까요?

SE 3337년
우쿠더스 별 탄생

SE 1000년
우쿠리 족 탄생

SE 900년
우쿠리 족, 우쿠더스
사람으로 진화

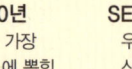

SE 880년
'우주에서 가장
아름다운 별'에 뽑힘

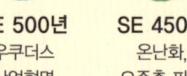

SE 500년
우쿠더스
산업혁명

SE 450년
온난화,
오존층 파괴

새로운 땅덩이의 정체는 쓰레기 섬!

새로운 땅덩이는 쓰레기 섬이었습니다! 우쿠더스 사람들이 마구 버린 쓰레기로 생겨난 섬이지요. 쉽게 쓰고 쉽게 버리는 버릇이 이어지면서 우쿠더스는 쓰레기로 넘쳐 나게 되었습니다.

음식물 쓰레기는 냄새가 많이 나긴 해도 큰 골칫거리는 아니었습니다. 잘 썩으니까요. 하지만 폴리우티^(플라스틱), 바나일^(비닐), 건축 쓰레기, 금속 쓰레기, 전자 쓰레기 들은 썩는 데 짧게는 수십 년, 길게는 천 년이 걸려야 했지요.

우쿠더스 사람들은 여러가지 쓰레기 해결책을 내놓았습니다. 그 가운데 하나가 쓰레기 수출이었어요. 부자 나라는 쓰레기를 수출하는 대가로 돈을 내고, 가난한 나라는 쓰레기를 수입하는 대가로 돈을 받았습니다. 또한 적지 않은 나라에서 건축 쓰레기나 산업 쓰레기를 바다 한복판에 내다 버렸습니다.

우쿠더스 별의 70퍼센트를 차지한 바다. 그 크기와 깊이는 우쿠더스 과학 기술로도 재지 못할 만큼 컸습니다. 그래서였을까요? 어리석은 이들은 쓰레기를 바다에 버리면 눈에

몰래 버린 쓰레기들로 땅과 바다는 몸살을 앓았어요.

• 쓰레기 섬 생김.
• 산업 쓰레기 넘침.

SE 400년
대기 오염,
산성비

SE 300년
열대림 감소,
사막화

SE 200년
생물 종
다양성 감소

SE 100년
물 부족,
물 오염

SE 50년
쓰레기 오염,
거미족 탄생

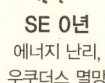
SE 0년
에너지 난리,
우쿠더스 멸망

띄지 않을 것이라고 생각했죠. 하지만 이 생각은 금세 깨졌습니다. 바닷속에서 쓰레기가 뭉치고 뭉쳐서 거대한 대륙을 만들었거든요.

숨 쉬는 모든 것이 병들었어요

쓰레기 대륙 아래 바닷속은 어떤 생명체도 살지 못하는 곳으로 바뀌어 버렸습니다. 여러 가지 쓰레기에서 나온 독성 물질 때문이었죠. 그뿐이 아니었습니다. 쓰레기 섬 둘레에서는 쿠리^(바다에 사는 몸집 큰 포유류)나 타투루^(바다에 사는 파충류)의 시체가 수두룩했습니다. 폴리우티^(플라스틱)나 바나일^(비닐) 때문에 숨 쉬지 못해 죽거나 부피가 크고 무거운 쓰레기에 부딪혀 죽은 것이었어요.

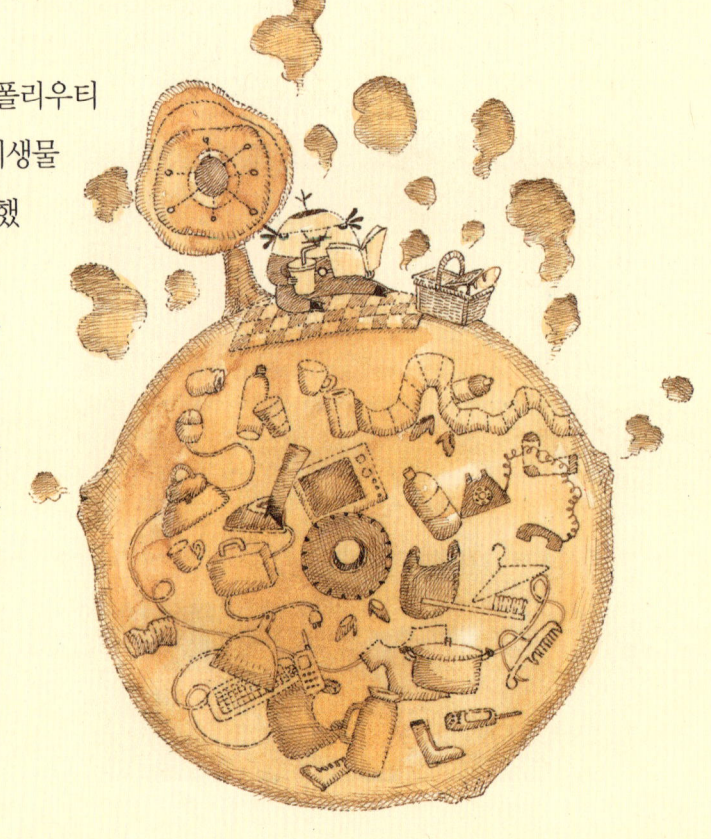

쓰레기는 땅도 오염시켰습니다. 폴리우티^(플라스틱)와 바나일^(비닐)은 흙 속에 사는 미생물이 숨 쉬는 것을 막아 땅을 병들게 했고요, 지부코^(휴대 전화), 캄피후^(컴퓨터), 크사인^(노트북) 같은 전자 제품 쓰레기 안에 들어 있는 중금속이 땅을 오염시켰어요. 실제로 지부코^(휴대 전화) 한 대를 땅 속에 버리면 몸에 해로운 중금속인 납, 카드뮴, 코발트, 비소를 땅에 파묻어버리는 것과 같아요.

SE 3337년
우쿠더스 별 탄생

SE 1000년
우쿠리 족 탄생

SE 900년
우쿠리 족, 우쿠더스
사람으로 진화

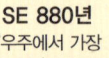
SE 880년
'우주에서 가장
아름다운 별'에 뽑힘

SE 500년
우쿠더스
산업혁명

SE 450년
온난화,
오존층 파괴

사람들이 버린 휴대 전화에서 나오는 물질(납과 수은, 카드뮴 들)은 자연과 사람한테 해로워요.

쓰레기는 아름답던 우쿠더스 땅과 바다를 병들게 했지만, 우쿠더스 사람들은 정신을 차리지 못했어요. 마구 버리기를 안 멈추었죠. 반짝반짝 눈이 부신 새로운 지부코^(휴대 전화)의 유혹을 견디지 못했거든요.

SE 400년
대기 오염,
산성비

SE 300년
열대림 감소,
사막화

SE 200년
생물 종
다양성 감소

SE 100년
물 부족,
물 오염

SE 50년
쓰레기 오염,
거미족 탄생

SE 0년
에너지 난리,
우쿠더스 멸망

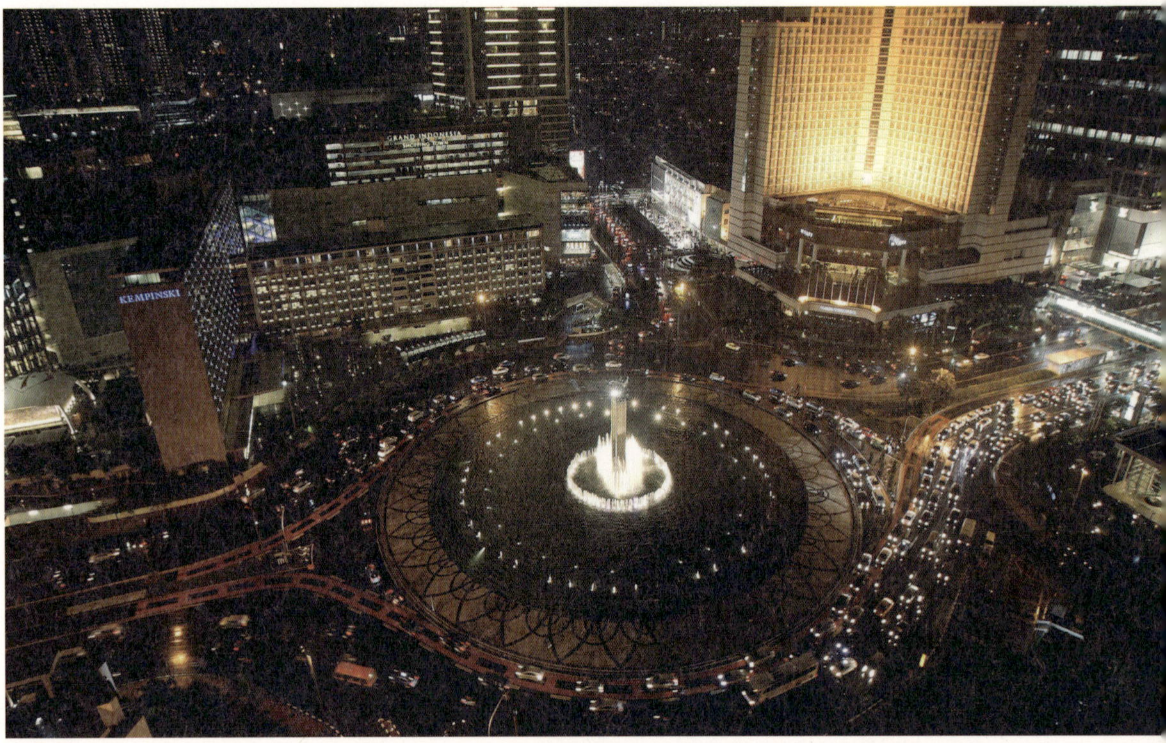

SE 0년 에너지 난리

우쿠더스의 멸망

우쿠더스는 어둠이 없는 나라였어요. 아침부터 저녁까지 헬리오(우쿠더스 행성계의 중심별로 태양계의 '태양' 같은 별)가 지지 않았느냐고요? 그렇지 않습니다. 우쿠더스는 지구처럼 낮과 밤이 분명했어요. 그런데 헬리오 빛이 있는 낮보다 밤이 더 환했어요. 사람들이 밤에 너무 많은 불을 켰기 때문이었어요. 에너지는 금세 바닥났고 멸망은 코앞으로 다가왔습니다.

SE 3337년
우쿠더스 별 탄생

SE 1000년
우쿠리 족 탄생

SE 900년
우쿠리 족, 우쿠더스 사람으로 진화

SE 880년
'우주에서 가장 아름다운 별'에 뽑힘

SE 500년
우쿠더스 산업혁명

SE 450년
온난화, 오존층 파괴

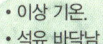

도시의 밤은 낮보다 더 밝았어요. 불빛이 사라진 도시는 끔찍했어요.

밤은 낮보다 더 밝게, 에너지는 펑펑!

멸망 직전 우쿠더스는 혼란 그 자체였어요. 대기는 오염되어 하루 종일 입 가리개를 써야 했고 비가 오면 사이렌 소리와 함께 산성비 주의보가 내려 바깥에 나갈 수 없었어요. 물은 모자라고 심하게 오염되기까지 했어요. 우쿠더스 별은 쓰레기로 넘쳐 났고요. 가뭄과 큰비가 한 해에도 몇 차례씩 오갔고 극지방의 빙하가 녹아 해수면이 높아져서 땅덩이 크기가 줄어들었습니다. 그리고 무엇보다 에너지가 부족했어요.

• 이상 기온.
• 석유 바닥남.
• 온 도시 정전.

SE 400년
대기 오염,
산성비

SE 300년
열대림 감소,
사막화

SE 200년
생물 종
다양성 감소

SE 100년
물 부족,
물 오염

SE 50년
쓰레기 오염,
거미족 탄생

SE 0년
에너지 난리,
우쿠더스 멸망

이상 기온이 몰고 온 무더위와 큰비는 도시를 한순간에 삼켜 버렸어요.

산업혁명이 일어난 뒤로 우쿠더스 사람들은 에너지를 흥청망청 써 댔습니다. 석탄, 석유, 천연가스를 마지막 한 방울까지 끌어내어 전기를 만들어서는 밤을 낮처럼 밝혔습니다. 에어컨과 전기 난로를 팡팡 틀며 겨울은 여름처럼 후끈하게, 여름은 겨울처럼 쌀쌀하게 지냈죠. 걸어서 가도 되는 거리를 자동차를 타고 갔고, 버스나 지하철을 타면 되는데도 혼자서 승용차를 몰고 가며 한껏 기분을 냈어요. 그러면서 살이 쪘다고 툴툴거리고, 다이어트 한답시고 돈을 내고 헬스장에 다녔어요. 아아, 이제 되돌아보니 정말 우리 우쿠더스 사람들은 어리석었어요.

그러다 어느 순간, 정말 거짓말처럼 화석 연료가 바닥이 나 버렸어요! 물론 원자력 에너지와 재생 가능 에너지가 있긴 했지요. 그러나 그것만으로는 터무니없이 부족했습니다. 게다가 원자력 에너지는 언제

SE 3337년
우쿠더스 별 탄생

SE 1000년
우쿠리 족 탄생

SE 900년
우쿠리 족, 우쿠더스
사람으로 진화

SE 880년
'우주에서 가장
아름다운 별'에 뽑힘

SE 500년
우쿠더스
산업혁명

SE 450년
온난화,
오존층 파괴

사고가 날지 몰라 늘 위험했어요. 언젠가 아만다 시에서 원전이 폭발했을 때, 문제가 너무나 심각해서 세계대전까지 일어날 뻔했어요. 그런데도 에너지를 절약하기란 쉽지 않았어요. 이미 몸에 완전히 배어 버린 습관 탓이었어요.

이때 우쿠더스 곳곳에는 멸망의 기운이 감돌았습니다. 숨을 제대로 못 쉬고 피부병을 앓는 사람들이 늘어나면서 우쿠더스 사람들의 수명도 짧아졌어요. 엎친 데 덮친 격으로 무더위와 큰비, 지진 해일이 곳곳에서 일어나 사람들의 목숨을 앗아갔어요.

SE 2년, 마지막까지 살아남은 우쿠더스 사람들은 고향을 떠나기로 결심했습니다. 과학자들은 우쿠더스와 쌍둥이 별, 지구가 태양계에 있다는 사실을 알아냈습니다. 다들 지구에 마지막 희망을 걸었지요.

두 해 남짓 우쿠더스 사람들은 자신이 맡은 일을 빈틈없이 해냈습니다. 과학자들은 '초고속 휘리릭 우주선'을 만들고, 모든 도시 시민들은 식량을 챙겼어요.

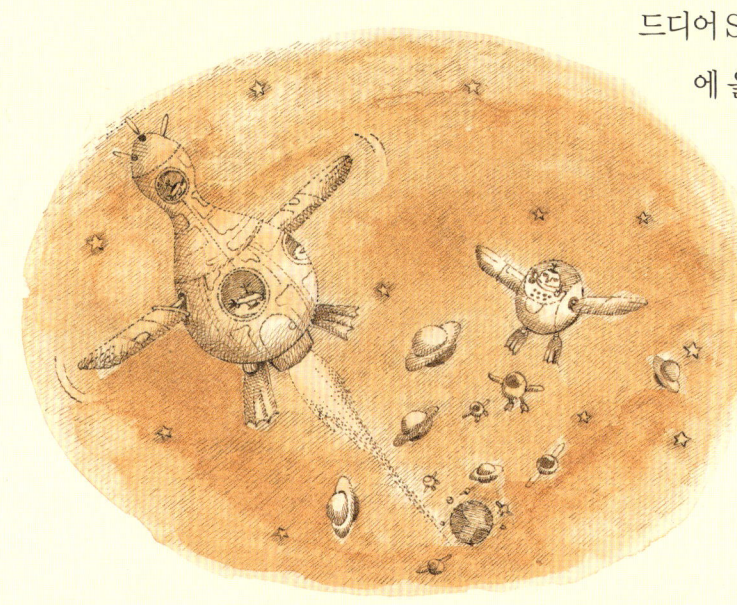

드디어 SE 0년, 우쿠더스 사람들은 우주선에 올라탔습니다. 우주 속에서 사람들은 고향 별을 바라보았습니다. 한때 유리 구슬처럼 아름답게 빛나던 별은 쓰레기 별이 되어 사라지고 있었습니다.

SE 400년
대기 오염,
산성비

SE 300년
열대림 감소,
사막화

SE 200년
생물 종
다양성 감소

SE 100년
물 부족,
물 오염

SE 50년
쓰레기 오염,
거미족 탄생

SE 0년
에너지 난리,
우쿠더스 멸망

불타는 지구를 막아라!

여기까지 읽은 당신은 이제 어엿한 지구 사람입니다. 이제부터는 입으로만 지구 사람이 아니라 뼛속까지 지구 사람이 되어야 합니다. 날마다 푸른 지구를 지키려고 애써야지요. '불타는 지구를 막아라!'는 앞에 나온 수칙들을 날마다 잘 지키는지 돌아보는 시간입니다. 하루에 한 번씩, 식구들과 함께 풀어 보세요.

'불타는 지구를 막아라!'는 어떻게 하는 거예요?

첫째, 연필을 들고 문제를 꼼꼼히 읽습니다.
둘째, ①, ②, ③번 가운데 자신 또는 식구들이 하는 것 하나를 고릅니다.
셋째, 보기 가운데 없으면 가장 비슷한 번호를 고릅니다.

엄마·아빠랑 함께 풀어요.

1. 땀 뻘뻘 흘리는 더운 여름, 에어컨 온도는?
① 으슬으슬 추울 때까지 틀어요. ② 20도에 맞춰요. ③ 26도에 맞춰요.

2. 컴퓨터나 텔레비전을 안 볼 때 코드는?
① 귀찮아서 안 뽑아요. ② 뽑을 때도 안 뽑을 때도 있어요. ③ 늘 뽑아요.

3. 집에서 쓰는 전구는?
① 모양 예쁜 것으로 써요. ② 백열등을 더 많이 써요.
③ 전기 덜 먹는 절전 전구만 써요.

4. 집에서 기르는 식물은?

① 식물? 그게 뭐예요? ② 한두 가지만 키워요.

③ 열 가지도 넘어요.

5. 휴대 전화나 전기 요금 청구서는?

① 모두 종이 우편물로 받아요. ② 반쯤은 전자 우편으로 받아요.

③ 모두 전자 우편으로 받아요.

6. 머리를 감을 때는?

① 거품이 잘 날 때까지 무조건 많이 써요. ② 샴푸를 적당히 써요.

③ 샴푸를 조금만 쓰고 물을 받아서 써요.

7. 이를 닦을 때는?

① 물을 틀어 놓고 이를 닦아요. ② 컵 대신 손으로 물을 받아요.

③ 컵에 물을 받아 입을 헹궈요.

8. 더운 여름날, 모기를 쫓을 때는?

① 독한 모기약을 뿌려요. ② 깨끗이 샤워를 해요. ③ 모기장을 쳐요.

9. 감기에 걸려 콧물이 날 때는?

① 새하얀 화장지를 써요. ② 누런 화장지를 써요. ③ 손수건을 써요.

10. 밥상에 고기가 오를 때는 몇 번?

① 날마다 먹어요. ② 일주일에 한 번쯤 먹어요. ③ 채소만 먹어요.

11. 배달 음식 시킬 때 나무젓가락이나 종이컵을
빼 달라고 말한 적은?

① 없어요. ② 생각나면 말해요. ③ 전화할 때마다 말해요.

12. 친구한테 줄 생일 선물은?

① 알록달록 예쁘고 화려하게 포장해요.

② 선물은 사고 포장지는 재활용해요. ③ 직접 만들어 줘요.

13. 음식물 쓰레기는?

① 모든 쓰레기를 한데 모아 버려요. ② 음식물 쓰레기 봉투에 따로 버려요.

③ 집에서 키우는 지렁이들한테 줘요.

14. 휴대 전화는?

① 새로운 모양이 나오면 무조건 바꿔요. ② 2년마다 바꿔요.

③ 고쳐 쓰거나 성능을 높여요.

15. 미용실에서 파마나 염색은?

① 한 달에 한 번씩 해요. ② 꼭 하고 싶을 때만 해요. ③ 안 해요.

16. 시장에 갈 때 장바구니는?

① 귀찮아서 안 들고 가요. ② 이따금 들고 가요. ③ 늘 챙겨요.

17. 뷔페 식당에서는?

① 음식을 무조건 산처럼 높이 높이 쌓아요.

② 음식을 다 먹을 때도, 남길 때도 있어요. ③ 음식을 먹을 만큼만 접시에 담아요.

18. 장을 볼 때는?

① 먹고 싶은 것은 다 사요. ② 저농약으로 사요. ③ 유기농으로 사요.

19. 과자를 고를 때는?

① 예쁘고 맛 좋은 것만 골라요. ② 가끔씩 재료를 살펴봐요.

③ 어떤 재료가 들었는지 꼼꼼히 살펴봐요.

20. 알고 있는 환경 표시는?

① 하나도 몰라요.　② 세 개쯤　③ 다섯 개 이상

21. 식구들이 가장 자주 쓰는 교통수단은?

① 자동차　② 버스나 지하철　③ 자전거

22. 우리나라 안에서 멀리 떨어진 곳을 갈 때는?

① 비행기　② 자동차　③ 기차 또는 고속버스

23. 동네 도서관이나 시장에 갈 때는?

① 택시를 타요.　② 자전거나 버스를 타고 가요.

③ 걸어가요.

24. 애완동물은?

① 소리 지르고 성격 나쁘면 버려요.　② 내 식구처럼 잘 돌봐야 해요.

③ 끝까지 키워야죠.

25. 음료수 캔을 버릴 때는?

① 아무 곳이나 둬요.　② 아무 쓰레기통에 그냥 버려요.

③ 캔만 따로 거두는 쓰레기통에 버려요.

26. 하루에 운동은?

① 숨 쉬기 운동만 해요.　② 주말에 한 번 해요.　③ 날마다 30분씩 해요.

27. 종이 쓰레기는?

① 다른 쓰레기와 같이 버려요.　② 이따금 모아서 버려요.

③ 따로 모아서 버려요.

28. 동물원은 어떤 곳?

① 심심해서 장난하러 가는 곳이에요.　② 우리가 주인이에요.

③ 동물들이 주인이에요.

29. 응원 도구는?

① 새것으로 사요.　② 공짜로 얻어요.　③ 내 손으로 만들어요.

30. 산에서는?

① "야호!"하고 소리 질러요.　② 조금 떠들어요.　③ 조용히 말해요.

31. 갯벌에서는?

① 맛소금 뿌려 조개 잡아요.　② 구경도 하고 조개도 잡아요.

③ 구경만 해요.

32. 올챙이나 도롱뇽 알, 개구리 같은 동물들은?

① 잡은 적 많아요.　② 잡았다 놓아주었어요.　③ 한 번도 잡은 적 없어요.

33. 친환경살이(로하스) 족을 알고 있나요?

① 누구죠? 우리처럼 다른 별에서 왔나요?　② 듣긴 했는데 잘 몰라요.

③ 물론이죠! 나도 닮을 거예요.

점수 계산법

전체 문제에서 ①, ②, ③번을 몇 개씩 골랐는지 세어 본 뒤 계산합니다.

①번은 1점, ②번은 2점, ③번은 3점입니다.

점수가 나오면 129쪽에서 자신의 점수를 찾아 갑니다.

예) ③번이 20개 ②번이 10개 ①번이 3개가 나왔다면 몇 점일까요?

(3X20)+(2X10)+(1X3)=60+20+3=83점이므로 '노란빛 지구' 입니다.)

91점 이상 푸른 지구

지구를 제대로 잘 쓰고 있네.
'으뜸 환경 지킴이'가 되고도 남겠어.
이대로 쭉 지구를 지켜 줘.

71~90

71~90점 노란빛 지구

오홋, 제법인 걸!
이 정도면 '지구 지킴이'라고 해도 되겠어.
조금만 더 환경 사랑을 보여 준다면
푸른 지구를 만드는 건 시간문제야.

51~70

51~70점 다홍빛 지구

지구를 푸르게 가꾸고 싶은 마음은
굴뚝 같지만, 몸이 따르지 않는군.
보여주지 못하는 사랑은 사랑이 아니야.
지구 사랑을 지구와 둘레 사람들한테 보여줘.

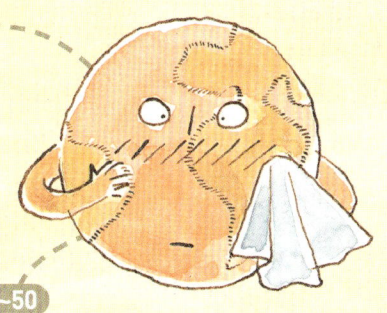

31~50

31~50점 붉은 지구

지구를 살리는 게 귀찮은 거야?
하지만 어떡해. 지구는 하나뿐인걸.
그대로 있다간 지구는 금세 망하고
말 거야. 또 우주 미아가 되고 싶니?

1~30

1~30점 불타는 지구

정신 차려, 이 친구야! 지구가 벌겋게 타오르고 있어.
당장 내일이라도 지구가 망할 수 있어.
이미 늦었다고? 천만에. 늦었다고 생각할 때가
가장 빠른 법. 이제부터라도 하루에 하나씩
지구를 지키는 방법들을 직접 보여 줘.

수칙 선정단

이대형 (춘천교대 교수, (사)환경교육센터 이사장)

선세갑 (환경번역가, 환경운동연합 집행위원, 시민사회네트 사무처장)

황상규 (세인인포테크 녹색경영사업본부장)

김춘이 (환경연합 전 국제연대국장, 조지아주립대 환경정책 박사과정)

서주원 (남이섬환경학교 교장)

이수종 (성사중학교 교사)

오윤정 (출판기획자, 과학교육연구자)

민여경 ((사)환경교육센터 이사)

김희경 (서울대 환경교육 박사수료)

장미정 ((사)환경교육센터 연구실장, 서울대 환경교육 박사수료)

자료조사 및 준비팀

전정화, 노유지, 정새롬 (서울대 대학원 환경교육 전공생)

본문 출처

❶ 《멸종의 역사 : 지구를 지배했던 동물들의 삶과 죽음》(리처드 엘리스 지음, 아고라 펴냄, 2006)

❷ 《실내 식물이 사람을 살린다: 새집 증후군과 실내식물 웰빙》(손기철 지음, 중앙생활사 펴냄, 2004)
　《실내오염 빨아들이는 공기정화식물 키우기: 실내정원&허브 키우기》(곽병화 감수, 웰빙플러스 펴냄, 2007)

❸ 녹색연합

❹ www.ilovewater.or.kr

❺ 《희망의 밥상》(제인 구달,게리 매커보이,게일 허드슨 지음, 사이언스북스 펴냄, 2006)

❻ 《육식의 종말》(제레미 리프킨 지음, 시공사 펴냄, 2002)

❼ 《육식의 종말》(제레미 리프킨 지음, 시공사 펴냄, 2002)

❽ 《음식혁명: 육식과 채식에 관한 1000가지 이해와 오해》(존 로빈스 지음, 시공사 펴냄, 2002)

❾ 매일경제 기사

❿ 한국환경공단

⓫ 정보통신부와 환경부가 제출한 국정감사 자료

⓬ 연합뉴스 기사

⓭ 경향신문 인터넷 기사

⓮ 경향신문 인터넷 기사

⓯ 한국제지공업연합회

⓰ 한국일보 기사

⓱ 뉴시스 기사

⓲ 환경종합정보서비스

사진 출처 ⌗⌗⌗⌗ · · · ⌗⌗⌗⌗ · · · ⌗⌗⌗ · · · ⌗⌗⌗⌗ · · · ⌗⌗⌗ · · · ⌗⌗⌗⌗ · · · ⌗⌗⌗⌗ · · · ⌗⌗⌗

땀 흘리는 별, 우쿠더스
- 96쪽_이성수: 공장 굴뚝에서 나오는 이산화탄소.
- 98쪽_연합뉴스: 1928년과 2004년 1월에 찍은 아르헨티나 빙하.

숨 쉬기가 무서워
- 100쪽_이성수: 고속도로를 메운 자동차.
- 101쪽_이성수: 겨울철 난방으로 해마다 에너지 사용량이 늘어나는 도시 풍경.
- 102쪽_연합뉴스: 산성비, 이상 기온으로 2006년 4월부터 28개월 동안 보수 작업을 한 경북 경주 감은사지 서삼층석탑.

쓰러지는 나무, 말라가는 숲
- 104쪽_이성수: 백로들이 살던 곳을 개발하려고 나무 천 여 그루를 자름.
- 106쪽_연합뉴스: 에콰도르와 콜롬비아 국경 가로지르는 산미겔 강 전경.
- 107쪽_연합뉴스: 몽골 넓은 초원 한가운데 자리 잡은 모래사막.

살아남은 종의 슬픔
- 108쪽_연합뉴스: 우리나라 천연기념물로 멸종 위기에 놓인 저어새.
- 110쪽_이성수: 우리나라 멸종 위기 야생 동물 2급으로 보호받는 붉은점모시나비.
  둥지를 짓고 먹이를 구하기 쉬운 시골로 터전을 옮긴 제비.
  생태계가 망가지면서 그 수가 줄어들고 있는 천연기념물 330호 수달.

몸살 앓는 물
- 112쪽_이성수: 2007년 12월, 태안에서 기름 유출 사고가 일어났을 때 파도에 실려 온 기름이 층을 이루었던 만리포 해안.
- 114쪽_이성수: 생태계가 파괴된 태안국립공원에서 기름 범벅이 되어 힘겹게 걸어가고 있는 게 한 마리.

쓰레기가 만든 대륙
- 116쪽_연합뉴스: 세계에서 아름답기로 이름난 시드니 항에 떠다니는 쓰레기 섬.
- 117쪽_이성수: 쓰레기 처리 비용을 아끼려고 사람들이 함부로 내다 버린 쓰레기들.
- 119쪽_이성수: 재활용 되지 못하고 버려진 휴대 전화.

우쿠더스의 멸망
- 120~121쪽_연합뉴스: 인도네시아 자카르타에서 지구를 위해 한 시간 동안 불을 끈 풍경.
- 122쪽_연합뉴스: 2010년 9월에 인도 마을을 삼켜 버린 큰 홍수.

※ 이 책에 쓴 사진은 해당 사진을 지닌 단체와 저작권자의 허락을 받고
  사용료를 지불하는 조건으로 게재한 것입니다. 사진을 제공해 주셔서 고맙습니다.

외계인 막쓸레옹, 쓰레기별에서 탈출하다

지구사용설명서 1

초판 1쇄 펴낸날 2011년 4월 15일 | 초판 19쇄 펴낸날 2025년 9월 22일

글 환경교육센터(김희경·오윤정·이수종·임성빈·장미정) | 그림 김지민 | 사진 이성수 연합뉴스

편집장 한해숙 | 편집기획 신경아 | 디자인 최성수 이이환 | 마케팅 박영준 | 홍보 정보영 | 경영지원 김효순

펴낸이 조은희 | 펴낸곳 ㈜한솔수북 / 출판등록 제2013-000276호 | 주소 03996 서울시 마포구 월드컵로 96 영훈빌딩 5층

전화 02-2001-5822(편집) 02-2001-5828(영업) | 전송 02-2060-0108 | 전자우편 isoobook@eduhansol.co.kr

블로그 blog.naver.com/hsoobook | 인스타그램 soobook2 | 페이스북 soobook2

ISBN 979-11-7028-674-5 | 세트 ISBN 979-11-85494-03-6

ⓒ 2011 환경운동연합, 환경교육센터·김지민

어린이제품안전특별법에 의한 제품 표시
품명 도서 | 사용연령 만 8세 이상 | 제조국 대한민국 | 제조자명 ㈜한솔수북 | 제조년월 2025년 9월

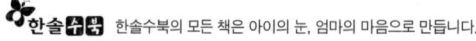 한솔수북의 모든 책은 아이의 눈, 엄마의 마음으로 만듭니다.